工程项目电子文件单轨制管理的理念与模型研究

张　宁◎著

中国文史出版社

图书在版编目（CIP）数据

工程项目电子文件单轨制管理的理念与模型研究 /张宁著.
-- 北京 : 中国文史出版社, 2023.3
ISBN 978-7-5205-4059-9

Ⅰ. ①工… Ⅱ. ①张… Ⅲ. ①工程档案－电子档案－单轨制－档案管理－研究 Ⅳ. ①G275.3

中国国家版本馆 CIP 数据核字(2023)第 060356 号

责任编辑：詹红旗

出版发行：中国文史出版社
社　　址：北京市海淀区西八里庄 69 号院　　邮编：100142
电　　话：010- 81136606　81136602　81136603(发行部)
传　　真：010-81136655
印　　装：廊坊市海涛印刷有限公司
经　　销：全国新华书店
开　　本：990 毫米×1230 毫米　1/16
印　　张：12.5
字　　数：196 千字
版　　次：2023 年 5 月北京第 1 版
印　　次：2023 年 5 月第 1 次印刷
定　　价：50.00 元

《工程项目电子文件单轨制管理的理念与模型研究》课题组

课题主持人： 张　宁

课题组顾问： 宫晓东　王　昱　燕　鹏　胡延康　鲁　毅　黄　为

课题组成员： 李朝霞　冷秀斌　胡祥科　路　敏　冯　帆　崔　宇

梁　帆　于思宁

推荐序

张宁博士的这本著作，基于其所主持的国家社科基金项目“大型工程项目电子文件单轨制管理的理念与模型研究”研究成果，而这正是我在国家社科基金委当年征求课题选题时提出的题目。

之所以有这样一个问题的提出，主要是本人因专业教研需要，长年深入企业档案工作一线，目睹了我国企业档案管理实践由传统实体对象的经验式管理模式向数据对象的信息化、智能化管理模式转型中所遇到的问题及人们采取的解决问题的态度和方法，常常伴有各种踟蹰和困惑，从而影响了转型的速度。这种情况促使我开始思考解决这一困境的核心问题或关键抓手。随着考察对象的增多和思考的深入，结合我国社会经济政治运行特色，便将注意力放在了“单轨制”“理念转型”“模型构建”等主要问题上来。考虑到理论研究与实际应用之间的对应性和开创性要求，决定以我国大型工程项目及一些有代表性的工程项目的档案工作作为依托，以便于将研究活动有效展开和逐步深化。

国家社科基金委采纳了这个选题，并由张宁博士及其所组建的研究团队负责开展研究。

张宁博士在其本科、硕士、博士学习期间，是典型的学霸，一直保持着优异的学习成绩。研究生阶段跟随其导师冯惠玲教授研究电子文件管理，后来还成为我国首位中德联合培养的管理学博士，具有国际学术视野和科研素养。留校任教后，开始跟随我参与企业档案管理专题的研究与教学，调研过多家中央企业和其他类型的组织机构，后在职进入博士后流动站学习和工作，又到美国加州大学洛杉矶分校跟随著名国际档案学者安·吉利兰（Anne Gilliland）教授做访问学者。这些经历和资历，使其具备了承担该项目负责人的条件。该项目研究团队的成员，来自国家档案主管部门、中央企业、在读研究生等多个层面，同时还组建了一个顾问团队，吸收相关学者、工程项目电子文件单轨制试点单位负责人、资深IT工程师等专家，集思广益，共同探讨，克服了因疫情带来的诸多不便，最后由张宁博士主笔，形成了项目研究报告，并于今年1月通过了专家评审，顺利结项。

张宁博士趁热打铁，将项目研究报告进行了补充和完善，形成专著。在付梓出版之时，委托我作序。

一、本书主题的意义

电子文件单轨制管理，应当是未来发展方向，更是当今不容回避的现实问题。在我国，电子文件现象应该是在20世纪90年代初，首先由学术界通过引进吸收国外信息技术成果，结合我国计算机技术在档案工作中的应用状况，得以发现并开始关注的。此前，计算机技术仅仅被作为一种“辅助管理工具”引入档案工作之中。这一现象随后被一些学者称为“新记忆”。这里所谓的“新”，是相对于传统以纸质实体作为文件载体的“旧”模式而言的。在社会文明转型过程中，新旧同体并存的现象并不会引起人们太大的恐慌，反而会被认为是一种合理的状态。而且这种认知心态，似乎原本被预设了很长的有效期，这其实就是后来“双套制”或“双轨制”出现的心理基础。也就是说，由于纸质实体文件历经上千年的社会应用效果检验，早已被人们接受和信任，因此，即使这种模式属于“旧”的方式，却不太容易被其他方式所否定乃至被替换；电子文件的产生、运行、存储和应用，必须依赖计算机人工系统和各种硬件设施设备的整体维系，在当时属于全新的一种模式，甚至当时的计算机操作人员都被认定为高等技术人才。正是因为它“新”，则具有莫名的魅力，同时也具有莫名的隐患和不安。所以人们对这种“新”方式，一般保持着既不完全拒绝，也不完全相信的态度。与此同时，档案部门却要始终坚守着“维护历史真实面貌”和“千秋万代永远存照”的职业理念和职业操守，在“新”“旧”记忆方式并存与转换的过程中，在“变”与“不变”的对抗中，自然会首选比较保险的策略，于是“双套制”和“双轨制”成为时至今日仍然有效的处置模式。

令我们始料不及的是，信息技术以几何级迭代发展的速度，在短短的几十年中，横扫各行各业和千家万户，渗透到社会生活的方方面面。人们一觉醒来，发现已然生活在一个全新的世界之中。在今天，一个组织机构、一个场所、一项工作活动、一个家庭，乃至一个人，若没有任何电子设备，几乎可以断定已被社会所淘汰或者他淘汰了这个社会。这种魔幻般的现实生活，促使档案人员不得不承认，如果我们不采取高效率的转型措施，社会便会抛弃我们。而转型是以信息化为主要目的的，信息化又直接决定了文件生成和管控的方式。于是，原本以为会在很长一段时期中保持“双套”和“双轨”这种保险模式的档案职业心理，面临破溃。

二、关注点在“轨”还是在“套”

关于电子文件“双轨制”和“单轨制”的含义，是本书主要立论的出发点，我不想做重复式讨论。但关于电子文件“双套制”和“单套制”，却有些话不得不说。记得钱毅教授总结过，“轨主性质，套主类型，件主数量”。我理解，所谓性质，其实就是信息生成和运维的行为属性或模式；所谓类型，大概是指纸质、实物、电子等信息的存在方式或状态；所谓数量，是指同一种类型信息（或同一份文件）的多少。毋庸置疑，这种界定，对于当前电子文件管理问题的深入探讨和相关管理规定的具体落实具有标准化的意义。但是这里缺少关于“套”这一概念在档案界的逻辑起点追溯，从而容易导致在实际工作中产生理解上的混乱。

在我国，“套”这一概念被引入档案工作之中，应该是从科技文件材料的“成套性”所引发的，其含义为“整体”。在科技档案特点的描述中，也采用了“成套性特点”这样一种表述方式。因此，即使是在单一纸质档案管理模式下（其实当时某些科技档案还有“实物档案”这种辅助载体形式），“一套档案”，是指反映某一科技活动或科技对象的完整的归档材料。这种归纳和抽象方式，被冯惠玲、何嘉荪等学者称为“客体全宗论”，意为是对传统“主体全宗”理论的发展。而且，早在电子文件现象出现之前，我国档案界就有对重要档案“多套分存”的管理要求，主要是在科技档案工作领域应用。很明显，此时的“套”，并非类型，而是数量。

对于“套”这一旧有概念，如果我们切断历史延展脉络，仅在当前电子文件或电子档案的管理活动中重新定义，指导工作，则必然会在具体实践中产生概念理解上的茫然状态，进而导致工作混乱。

因此，将电子文件管理的关注点定位在“轨”上，相对比较清晰。

三、全流程数据管理是实现电子文件单轨制管理的关键

有专家指出，本书中强调“数据化”理念，与电子文件单轨制管理的关联不密切，认为我国目前电子文件管理的本质性矛盾在于“双轨制”的事实状态，而非数据的全流程管理以及数据挖掘与分析。

对于这个意见，我个人虽然能够理解其提出的合情性，却不能认同其合理性。这就必须提到本书第三章的典型案例研究分析。关于典型案例的第一例，我和张宁博士都是该案例项目的顾问，全程参与了该案例项目的研发、设计和具体实施。这是反复纠错、理念革命的艰难而充满挑战性的一段历程。我们发现若要实现真正意义上的工程项目电子文件单轨制管理，必须满足两个基本条件，其一是要弄清楚一个完整的风电项目，从立项到投入生产运营，到底必须产生多少种文件；其二是如何才能保证这些文件以单一的电子方式生成、运行、存储和控制。为此，我们在试点项目中进行了全方位的数据清理，然后进一步引发了对工程项目管理的诸多信息系统的改造与关联，将清理出来的必要数据生成模板，嵌入相应的系统之中，同时改进全流程各类电子数据生成的技术方式，协调各参建单位及关键性岗位的各类矛盾和认证手段，以实现该试点项目电子数据全流程数据管控，并确保其数据的原始性、真实性、安全性、完整性和资源可配置性。这就是本书关于全流程数据管理理念的基本来源。后来，这一理念又在本书第二个典型案例中得到了复证和补充，这就是该企业电子文件归档与电子档案协同管理试点项目所

实现的电子数据可视化管控的宝贵经验。

以我自身的哲学学习体会而言，现实行为方式的改变，必须依赖理念的变革，方可彻底。理念的核心是一种思维逻辑，它未必是实践的产物，但在实践活动中形成的理念或理念变革，却更具备可操作性和现实价值。比如说在A企业试点项目中，数据清理和全流程电子数据控制属于前期的一种理想模型，随着项目实施的深入，我们通过不断纠错和调整，将其建成一种可以具体运行的工作模型，再通过其他项目的复证，使其成为一种新型的电子文件单轨制管理的工作模式，并可以在同类型工程项目中进行复制推广，从而摆脱了以往纠结于“双轨制”矛盾的制约状态，探寻出一条电子文件单轨制管理的新路径。

事实上，我认为我国档案界正在开展的数字化转型工作，首先就属于一次理念转型行为。因为信息技术的运行逻辑，与传统人工处理信息模式的逻辑有本质的不同，进而也导致了电子数据产生、运行、处理、存储、识别、检索、利用和配置等一系列工作方式的改变。这就需要我们认识到，仅仅凭借以往传统工作经验是无法全面指导档案数字化转型工作的。在转型过程中，仅仅将目光和思想局限在现象层面的矛盾上也是不够的。目前，我们执行的大部分档案工作业务标准和业务管理要求，要么是传统经验的总结，要么是简单的“数字化”转换，并未真正意识到理念转型对于业务转型的引领作用和底层意义。这种做法容易导致转型工作面临修修补补甚至走弯路的局面或风险。近些年，国家档案主管部门陆续确定三批电子文件归档和电子档案管理试点单位，出发点是创新而非守成。如何才能将这种试点工作取得理想的效果，进而充分发挥我国特有的国家规模档案事业的体制优势，我想这正是本书写作和本专题研究的重要初心。

本书的写作和研究，依托典型工程项目电子文件单轨制管理案例，其内容和思考实质上覆盖了我国档案界数字化转型的主要方面，并将理念创新和模式设计立足于全流程（或曰全生命周期）数据管理的基底层问题上，通过文献研究、案例分析、问卷调查、学术研讨等方式，整合了不同专家学者的相关学术成果，总结了实际工作中的已有经验，加之作者自身的独立思考，在研究视角、理念整顿、模型构想以及针对当前存在的主要问题，均进行了具有创新意义的研究与分析，并提出了一些有益的参考建议，是当前关于电子文件单轨制管理研究难得的理性学术成果，也是广大实际工作者值得学习和深入思考的有益读物。

我不愿意复述书中那些精彩的论点和章句，这是读者的工作。我仅用以上类似于碎碎念的文字作为自己的读后感，表明自己的学术态度和对本书内容的认可。

当然，很多问题尚需深化，书中也存在一些毛病，属于白玉微瑕，相信作者自会完善。

作为一个提问者，我对张宁博士给出的这份答案很满意。

是为序。

宫晓东

2023 年 2 月

于北京沙河之阳梦蝶堂南窗

自序 “三个世界”

在中国神话历史中，一直流传着“盘古开天辟地，女娲造人”的传说。《广博物志》卷九《五运历年纪》记载：“盘古之君，龙首蛇身，嘘为风雨，吹为雷电，开目为昼，闭目为夜。死后骨节为山林，体为江海，血为淮渎，毛发为草木。”盘古凭一己之力创造了人类迄今为止仍生存其中的客观世界。而女娲则用泥土造出了最早的人类，形成了地球上唯一智性且带有主观意识的群体——人类社会。人类产生之初，就用自己身体的五官去感触客观世界。感触的过程就是数据、信息收集的过程，通过感官进入人脑存储、分析和处理的对象就是数据、信息本身。而经过人脑处理的数据和信息结果会指导人们做出对应的行动并作用于客观世界，作用之后的结果又将以数据、信息的方式再次反馈给人类的大脑。这个过程周而复始便形成了“人（主观世界）—数据 / 信息—客观世界”的所谓“三个世界”。从古至今，这三个世界一直存在并有序地运行着，并随着社会的发展与进步加以不断地演变。其中数据、信息所代表的“第三个世界”在客观世界与人类主观世界之间的连接作用日趋增强，并在 21 世纪达到了史无前例的高度，将人类社会带入信息时代和数据时代。应该说有了人类就有了认识世界的活动，数据与信息也因此而产生。数据与信息的长期存在证明了其在代表世界事实方面的作用。与信息相比，数据是客观世界和主观世界得以表达的最初、最原始的产品。在信息时代，信息成为与物质、能源并列的第三大资源，而在大数据时代，数据将构建出独立于人类与自然界的“第三个世界”。

之所以在此论及数据与信息，源于本书对于电子文件这种新型的文件档案类型的重新认知。同样作为人类社会伴生物的档案，其借助文字、图片、音视频等各种符号记录下数据与信息，是让其得以持久化的工具，从而使人类的历史、文明与文化得以延续。从这一点说，文件档案与数据、信息具有天然的联系和不可分割性。然而，由于技术发展水平的局限，传统载体的文件档案呈现出信息内容与载体固化一体形式，二者不可分割，所以传统的档案定义强调其原件，强调其原始记录功能，并将其作为一个物理整体形式加以管理。然而，当电子文件出现之后，信息内容与载体不再是一一绑定的固化形式，电子文件的展现与使用呈现出虚拟化特征，电子文件变成了比特的结构化集合。电子文件的信息与载体不再固定，构成文件的信息也被解析为内容、结构、背景三个部分。管理对象的转变，意味着管理方式的转变。大量的事实证明，一味地固守和沿用传统的管理思维和方法是无论如何也行不通的。

从纸质文件到电子文件的转变经历了很长时间，这种转变可以理解为档案管理的数字转型。如果把数字转型分为两个阶段，本书认为其可划分为两个阶段：数字化转型和数据化转型。前期的数字化转型是指从模拟技术向数字技术的过渡，管理方式以双套制或双轨制为主，这是低层次的、原始的数字状态；后期的数据化转型则代表了管理对象主体是电子文件这种具备数据属性的记录形式，管理方式则应是单轨制或者单套制。以数据化为理念的电子文件单轨制管理才是档案数字转型的最终目标和状态。本书首次明确地提出“数据化”是电子文件单轨制管理的新理念，只有首先将电子文件数据化，才能进一步实现电子文件数据的资源化和资产化。之所以明确提出并强调电子文件的数据属性和电子文件单轨制的数据化理念，还源于工作实践中比较普遍的各种双套制与双轨制做法，其存在严重阻碍了单轨制的推行。究其原因，其根本就在于理念没有得到完全的转变，新瓶装旧酒的做法掩盖了电子文件单轨制管理的真正意义与价值。

有鉴于此，本书选择从电子文件单轨制管理的理念与模型这两个关键点切入，以工程项目作为研究场景，试图通过以点带面的方式，对我国电子文件单轨制管理进行全面的剖析与研究，提出具有一定普遍意义的理论成果与实践方法，并将数据化理念坚持贯穿其中，从数据化生存、数据资产、数据驱动和数据治理四个方面构建了工程项目电子文件单轨制管理参考模型，并将其具象化为六个基本原则和“数型”管理模型，切实彻底地推动电子文件单轨制管理现状的转变。

本书是国家社科基金一般项目“工程项目电子文件单轨制管理的理念与模型研究”（项目号：20BTQ096）的研究成果，题目略作修改①。本书共九章，分为四个部分：第一部分即引言，阐述了本书的写作背景、意义以及研究的目标、思路和框架；第二部分（第二章、第三章）是文献研究、数据调查与案例研究，该部分构成全书研究的理论与现实起点，从理论研究与实践工作两个方面全面地展示出工程项目电子文件单轨制管理的现状；第三部分（第四章、第五章、第六章）是本书的主体部分，按照严密的逻辑脉络，在明晰相关基本概念与理论的前提下，提出工程项目电子文件单轨制的基本理念与参考模型、基本目标与原则以及具备实践指导意义的管理模型；第四部分（第七章、第八章、第九章）在前文论述的理论指导下，针对工程项目电子文件单轨制管理的快速发展提出科学且行之有效的对策建议，以期对实践工作提供指导参考。

本书在研究与成书的过程中，得到课题组成员及相关专家、学者、学生们的鼎力支持，他们给出诚恳的意见与有益的建议，最终才能使研究成果得以问世。在此，一并表示衷心的感谢。正是有着这样一批有识之士的不懈努力，我相信我国电子文件单轨制管理的发展会越来越好。

在成书之时，我已通过了国际数据管理协会数据治理工程师（CDGA）认证，

① 本书是国家社科基金项目“大型工程项目电子文件管理的理念与模型研究”的研究成果，在成书时，去掉了“大型”二字，其原因在于，通过深入的研究，我们发现，就工程项目领域而言，“大型”是一个相对概念而非绝对概念。工程项目尽管存在规模上的差异，但是业务活动及文档管理方面具有高度的相似性。有鉴于此，在出版本书时，对题目进行了调整，以期能够覆盖更广泛的工程项目范畴，具有更加普遍的适用性和指导性。

并在学校开设了两门数据资产管理的课程。通过对数据管理、数据资产管理的深入学习，我愈发觉得，电子文件单轨制管理未来的发展就在数据（资产）管理之中，后者不但可以帮助前者打破观念桎梏、扩展管理思路和视野，还可以让文档管理工作在数字时代摆脱被边缘化的窘境，让档案学科、档案职业上升到更加广阔和更具潜力的发展空间之中。而作为一名档案学者，必将砥砺前行。正如若干年前，我曾经在为一家央企出版的数字档案馆建设一书写的后记中引用了美国小说家凯鲁亚克《在路上》中的一句名言："在路上，我们永远年轻，永远热泪盈眶。"时隔几年，我们仍热情澎湃地在数字化发展的道路上不断探索，不断前行，一步步靠近已见的未来。

张　宁

2023 年 2 月

于北京昆玉河畔

目 录

第三章

典型案例研究

第四章

基本概念与相关理论

第五章
工程项目电子文件单轨制管理的基本理念与参考模型

第六章
工程项目电子文件单轨制管理的基本原则与目标

第七章

工程项目电子文件单轨制管理模型

第八章

工程项目电子文件单轨制管理之对策建议

图 目 录

表 目 录

第一章　引　言

1.1 选题背景与意义

这是一个快速发展得让人感到莫名兴奋但又时感焦躁的时代。一方面，我们每天面对铺天盖地的信息轰炸，周遭被电脑、手机等各种各样的信息设备环绕，它们不停地向人们“灌输”着来自网络的五花八门的信息；另一方面，作为这些信息的接收者和处理者，人类不得不调动身体的各个器官不停重复着信息的接收、筛选、处理、回复、传递、存储和消化等行为。这就是我们所处的所谓新时代——信息时代或者说数据时代。正是在这样一个时代场景下，信息以及它的具象形式——数据，已经随着信息技术的普及“悄无声息”地渗透到人们工作和生活的方方面面，概莫能外。就档案学而言，如果按照库恩在 1962 年出版的《科学革命的结构》一书中提出的科学发展的动态模式：“前科学时期→常规科学时期→科学危机时期→科学革命时期→新的常规科学时期……”进行比照的话，档案学作为一门学科目前的发展应处于科学危机时期末期与科学革命前期这个阶段。库恩指出：“一种范式通过革命向另一种范式的过渡，便是成熟科学通常的发展模式。”① 信息时代的到来给档案学带来的冲击和挑战是有

① 托马斯·塞缪尔·库恩．科学革命的结构（第四版）［M］．北京：北京大学出版社，2012.

目共睹的，那么档案学是否因此经历了或正在经历一种范式的革命呢？早在 20 世纪 90 年代，加拿大学者 Terry Cook 曾提出以“后保管模式”为特征的档案学新范式（paradigm），而之所以被称为新范式（当然其前提是档案学存在范式），就意味着在信息时代，档案学者“所持有的共同的信念、传统、理性和方法”都将发生重大甚至是实质性的转变并最终在新范式上达成一致。新旧范式的交替被称为“革命”，革命很大程度上意味着彻底地颠覆，但这种颠覆不是对传统或以往范式的全盘抛弃和否定，而是在历史和社会发展规律层面的连续和继承的基础上，对本学科的知识进行理性的更新与改造，使之在时空维度上得以延续并与人类社会的进程同步。

正是基于上述这样一个大背景，本书诞生了。电子文件（Electronic Records）是记录（文件、档案）在信息时代的新形态，是“国家机关、社会组织或个人在履行其法定职责或处理事务过程中，通过计算机等电子设备形成、办理、传输和存储的数字格式的各种信息记录。”①电子文件替代纸张等传统物理载体的文件成为档案学研究和档案管理的主要对象，是记录发展史上的又一次巨大变革。管理对象的变迁带动了整个档案管理、档案工作的转型。而且随着信息技术不断推陈出新，云计算、物联网、区块链甚至元宇宙等一系列概念与技术似乎昭示着人类社会发展的数字化趋势。“普适记录社会”“数据赋能社会”“数智社会”……这些当今社会的共识性认知都昭示着电子文件之于国家、社会、机构乃至个人的重要意义与价值。“信息化经历了以单机应用为特征的数字化阶段（信息化 1.0），以联网应用为特征的网络化阶段（信息化 2.0），目前正在进入以数据的深度挖掘与融合应用为特征的智慧化阶段（信息化 3.0）。在信息化 3.0 时代，数据不仅是作为信息的传递和记录的载体，支持各类信息系统的运行，同时也成为萃取知识和智能、优化决策的重要源泉。”②大数据时代增加了电子文件的数据色彩，凸显了其作为国家、机构乃至个人核心数据资源的属性与特

① 冯惠玲，刘越男等．电子文件管理教程（第二版）［M］．北京：中国人民大学出版社，2017：1.

② 高伟．数据资产管理——盘活大数据时代的隐形财富［M］．北京：机械工业出版社，2016：5.

征，电子文件（电子档案）的数据资产价值不容忽视，电子文件单轨制管理需求愈发旺盛。

本书正是源于这样一个社会和学科发展背景，聚焦于档案工作数字化转型过程中如何“在数字环境中仅以电子方式运行和保存电子文件的全流程，包括生成、办理、归档管理、移交、保存和利用等业务活动，即文件、档案的全程无纸化，而不再同时生成、办理和保存纸质文件。”① 即电子文件单轨制管理的实现。相较于传统档案实体管理，电子文件单轨制管理可以被视为人类档案管理进化史上的一次“变异”，这种变异是适应人类社会进化并被“自然选择”的结果。有学者曾说：“进化，无论它体现出什么样的普遍趋势，其实仅是维持适应的一个副产品。”电子文件单轨制管理之于档案管理而言亦是如此。然而，既然是“因适应而被选择”的结果，电子文件单轨制管理就有了充分且必要的存在理由，就需要被认真地对待。因此，这是一个关涉社会发展、历史延续、文明传承的重大问题。当然仅凭一本书很难给出全面解答，充其量只能算是一次“为变异去探寻普遍适应”的有益探索与尝试。然而，“燎原之火”“千里之行”无不始于微小的努力，本书就是要借助“以小见大、管中窥豹”的方式，尝试从一个具体的领域开始对这样一个“大问题”进行深入系统的探究，找到阻碍发展的症结所在，提出值得思考并可以借鉴的观点和方法，从而推动我国电子文件单轨制管理在社会数字转型的时代背景下走得更快、更远、更好。

1.2 社会背景与需求

2019 年 4 月 26 日，李克强总理签署第 716 号国务院令，公布《国务院关于在线政务服务的若干规定》，其中第十二条明确规定：“政务服务机构应当对履行职责过程中形成的电子文件进行规范管理，按照档案管理要求及时以电子形式归档并向档案部门移交。除法律、行政法规另有规定外，电子文件不再以纸质形式

① 冯惠玲．走向单轨制电子文件管理［J］．档案学研究，2019（01）：88-94.

归档和移交。符合档案管理要求的电子档案与纸质档案具有同等法律效力。”[①]2021年新修订的《中华人民共和国档案法》（以下简称新《档案法》）正式实施。这是《档案法》1988年1月1日施行以来的首次修订，有助于进一步发挥档案和档案工作在推进国家治理体系和治理能力现代化中的基础性作用，为新时代档案事业高质量发展提供坚强法治保障。新《档案法》为了与国家治理体系和治理能力现代化战略部署相适应新增了“档案信息化建设”专章。“新增一章对电子档案的合法要件、地位和作用、安全管理要求和信息化系统建设等方面作出了明确规定。要求各级人民政府将档案信息化纳入信息化发展规划，保障电子档案、传统载体档案数字化成果等档案数字资源的安全保存和有效利用。规定电子档案应当来源可靠、程序规范、要素合规，电子档案与传统载体档案具有同等效力，可以以电子形式作为凭证使用。同时对电子档案管理信息系统、数字档案馆、档案信息资源共享服务平台的建设提出要求。”[②]继而，国家档案局在第二届数字中国建设峰会电子政务分论坛上发布《推进电子档案单套制管理的政策与步骤》，倡议结束传统电子档案双套制管理，实行电子档案单套管理。并于2022年4月7日正式发布了国家档案行业标准《电子档案单套管理一般要求》（DA/T 92-2022），该标准前言中写道：“电子档案单套管理的条件已经基本成熟，推动电子文件仅以电子形式进行归档和管理，即单套管理已成为信息化条件下需要迫切解决的社会课题。”[③]2022年3月，国家档案局印发《关于进一步加强机关业务系统电子文件归档与管理工作的通知》（以下简称《通知》），明确了业务系统电子文件归档与管理工作的总体要求、主要任务和工作安排，并提出了推进业务系统归档工作的思路、模式与方法。截至2022年8月，国家档案局已经在企业数字档案馆建设和建设项目电子文件归档与电子档案管理方面选择了若干单位进行试点，取得了

① 国家法律法规数据库．国务院关于在线政务服务的若干规定［EB/OL］．［2023-3-15］．https://flk.npc.gov.cn/detail2.html?ZmY4MDgwODE2ZjNjYmIzYzAxNmY0MTQ2OGNlODFmYjg

② 国家档案局．新修订的《中华人民共和国档案法》解读［EB/OL］．［2022-4-7］.http：//www.saac.gov.cn/daj/yaow/202007/bd61bfb7b1404b2ca3c12f1652b2c915.shtml.

③ DA/T 92-2022，电子档案单套管理一般要求［S］．北京：国家档案局，2022.

较好成效。中办、国办印发的《“十四五”全国档案事业发展规划》在发展目标中亦指出：“档案信息化建设再上新台阶。档案信息化发展保障机制进一步完善，档案信息化建设进一步融入数字中国建设，新一代信息技术在档案工作中的应用更为广泛，信息化与档案事业各项工作深度融合，档案管理数字化、智能化水平得到提升，档案工作基本实现数字转型。”[①]2023 年 2 月 16 日在京召开的全国档案局长馆长会议上明确提出“推进科技兴档工程，加快档案工作数字化转型……瞄准信息技术发展前沿，积极探索智慧档案发展战略，有效对接数字中国、智慧城市、智慧政务、数字乡村和各行业智慧发展，努力打造档案工作新模式。”[②] 这一系列不断出台和施行的国家政策与措施导向为电子文件单轨制的快速发展营造了良好的社会环境和政策环境，标志着作为档案信息化建设与数字转型的核心工作之一的电子文件单轨制管理已成为全国档案工作的重中之重，电子文件单轨制管理驶入发展的快车道，将在全国范围内得到更广泛的推广实施。

就工程项目建设领域而言，随着工程项目信息化建设日趋深入，电子文件在工程项目建设和管理中的作用及影响越来越大。电子文件双套制、双轨制管理模式不但难以满足发展的需求，而且给原本已实现信息化管理的工程现场工作带来了额外负担。且更为重要的是，这种工作模式没有遵循文件形成的客观规律，在众多方面均背离了档案工作的基本原理。[③] 许多工程项目建设单位的档案管理者逐渐意识到，电子文件单轨制管理业已成为工程项目信息化与智能化建设的“短板”，成为科学管理、提升效率、增加效益和降低成本的关键制约因素。

在这样的社会背景与需求下，本书致力于研究和探索工程项目电子文件单轨

---

① 中办国办印发《“十四五”全国档案事业发展规划》［EB/OL］.［2023-4-8］.https://www.saac.gov.cn/daj/toutiao/202106/ecca2de5bce44a0eb55c890762868683.shtml

② 全面贯彻落实党的二十大精神 奋力书写档案事业现代化和高质量发展新篇章——在全国档案局长馆长会议上的报告［EB/OL］.［2023-4-8］.https://www.saac.gov.cn/daj/yaow/202302/edef53f544bb4eea8bfacd87fd8a223e.shtml

③ 张宁，路敏．我国工程项目电子文件单轨制实施现状调查与思考［J］．档案学通讯，2022（03）：65-71.

制管理的实践经验和新鲜思路，夯实电子文件单轨制管理的理论基础，由此提出具有可操作性的工程项目电子文件单轨制管理参考方案。虽然本书仅举工程项目一隅，但由此可以管窥其他行业共同参照的我国电子文件单轨制管理蓝图，这将有利于加快我国电子文件管理单轨制发展进程，推动档案工作数字转型的实现，从而更好地配合和服务于国家信息化建设的整体战略。

1.3 研究问题与研究思路

1.3.1 研究问题与目标

“工程项目电子文件单轨制管理的理念与模型研究”题目的核心研究对象为“电子文件单轨制管理”,“工程项目”为该研究对象的预设实施场景和环境，“理念与模型”则是针对研究对象确定的研究问题重点。

本书研究的高阶目标旨在突破传统思维的桎梏，提出完全面向电子文件单轨制的全新理念和管理思路，加快我国工程项目电子文件管理单轨制发展进程，推动档案工作数字转型的实现，从而更好地配合和服务于国家信息化建设的整体战略。在这一目标指导下，研究的具体目标概括为“四新”，即：

（1）新理念：确立更适合于电子文件单轨制管理的新理念，促进档案学范式的转变与发展；

（2）新原则：形成有助于解决电子文件单轨制管理中存在的重点、难点问题的基本原则与管理目标；

（3）新模型：从理论和实践两个层面同时入手，形成电子文件单轨制管理的参考模型与以工程项目建设活动为对象的电子文件单轨制管理模型；

（4）新路径：提出电子文件单轨制管理之对策建议以及转型时期应该关注的重点问题。

1.3.2 研究思路与框架

本书在国内外已有相关研究的基础上，从全面、深入、系统研究现有电子文件单轨制理论（文献研究）和实践（案例研究）入手，分析梳理出电子文件单轨制尤其是工程项目电子文件单轨制管理当中存在的主要问题及障碍，明确研究的基本概念与相关理论，在精研数字转型、数据驱动、数据资产管理等相关理论的基础上提出并形成具有创新性的电子文件单轨制管理理念及其体系，随后在该理念的指导下，进一步阐释工程项目电子文件单轨制管理的基本原则、目标，指导并构建出符合电子文件单轨制管理特征与其需求的逻辑化参考模型以及在工程项目领域适用的具象化管理模型，并进行案例应用，从而为工程项目电子文件单轨制管理提供可以参照的路径，强化研究成果的实践指导价值。最后，提出实施过程中可能遇到的一些普遍存在的问题的对策建议，尤其是针对现阶段转型过渡期应该注意的一些重要问题做出详细的阐释。

围绕研究对象，本书按照以下框架展开研究与论述：

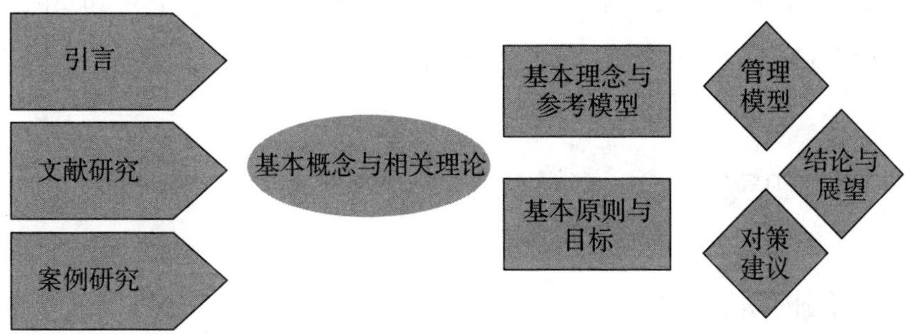

图 1-1 本书研究框架图

第二章　文献研究与调查数据研究

为了夯实研究基础，全面清晰地把脉我国工程项目电子文件单轨制的研究和实践现状，本书采用文献研究、问卷调查、实地考察等方式从理论和实践进行了全方位的调查研究，获取了大量的一手数据。

2.1 文献研究

2.1.1 国内研究现状

相较于国外电子文件单轨制的发展，我国起步较晚且发展较慢，但经过 20 多年的发展和探索也已有了一定积累，包括相关概念的研究、系统的应用、新技术的探索、问题的解决与探讨等，电子文件单轨制理论研究的深度和广度日益加深，为工程项目领域推行电子文件单轨制奠定了坚实的理论基础。随着数字经济时代的到来，新兴信息技术及系统在工程项目建设过程中的使用也逐渐普遍，一定程度上推动了工程项目中文档管理的数字转型。

2.1.1.1 20 多年来，国内学者对电子文件单轨制管理研究已有一定的积累

我国电子文件管理研究发端于 20 世纪 90 年代中期，冯惠玲（2003）认为电子文件管理自发生之时起便与纸质文件等传统载体文件共存，处于此消彼长的过

渡状态，但整体趋向是纸质文件管理的弱化和电子文件管理的强化。[①] 电子文件的产生和迅速发展推动了传统档案管理的转型和变革，特别是随着现代信息技术的发展和数字转型的实际需要，电子文件单轨制管理的脚步越来越近。就学术领域而言，近20多年来针对电子文件单轨制的研究已逐渐深厚，主要集中于相关概念的辨析与发展、单轨制的可行性研究、新技术的突破和应用等方面。

（1）“单轨制”概念及发展

《全国档案事业发展“十三五”规划纲要》（档发〔2016〕4号）中明确定义：“电子档案单套制即电子设备生成的档案仅以电子方式保存，单轨制即不再生成纸质档案。”[②] 钱毅（2017）主要通过属性来对“轨、套、份”进行区分，他指出“轨主性质，套主类型，份主数量”以及三者之间存在一定的递进关系，同时环节、效力和业务等因素对单轨制存在一定的约束，建议通过“型式 + 要素”的组合形式来表达电子文件的管理模式。[③] 管先海、何思源等（2017）认为电子文件“单套制”归档管理模式是指文件从生成到销毁或永久保存的整个生命周期中都不会出现非电子形式的文件类型，是一种纯粹的电子化运作模式，其实质就是电子文件“单轨制”运行管理模式。[④] 鲍志芳、马嘉悦（2018）主张以归档为分界点来判定“轨”和“套”的叫法，单轨制是文件归档前只有一种文件形式（纸质或电子）伴随业务进程流转，而单套制是文件归档后，只有一种文件形式（纸质或电子）处于存储和利用状态。[⑤] 学者们从多个角度对“单轨制”相关概念的辨析均有一定参考价值，但目前普遍认可的是由冯惠玲对相关概念进行的区分和界定。冯惠玲（2019）通过对比“双轨制、双套制、单轨制、单套制”等概念后完善了

① 冯惠玲．电子文件与纸质文件管理的共存与互动［J］．中国档案，2003（12）：40–42.

② 国家档案局印发《全国档案事业发展“十三五”规划纲要》［EB/OL］．［2021–10–08］．https：//www.saac.gov.cn/daj/xxgk/201604/4596bddd364641129d7c878a80d0f800.shtml

③ 钱毅．电子文件“单套制”管理相关概念的辨析与思考［J］．档案学通讯，2017（04）：8–13.

④ 管先海，何思源，武梦雅．电子文件归档管理模式探究［J］．档案管理，2017（06）：37–41.

⑤ 鲍志芳，马嘉悦．基于单轨制、单套制、双轨制和双套制概念辨析之文件管理模式探讨［J］．档案学通讯，2018（04）：30–34.

概念界定，她认为：“双套制是同一份文件的电子和纸质版本共同处于储存和可利用状态，双轨制是指两种版本文件同步随业务流程运转。”而单轨制是指“在数字环境中仅以电子方式运行和保存电子文件的全流程，包括生成、办理、归档管理、移交、保存和利用等业务活动，即文件、档案的全程无纸化，而不再同时生成、办理和保存纸质文件。”①

除了对“单轨制”的概念进行一定的界定和研究外，还有部分学者对其发展及阶段划分进行一定的梳理，如郭金光（2017）围绕社会发展过程中纸质文件与电子文件的消长关系，将时代发展分为“纸质档案与电子档案共存”“电子档案与纸质档案并存”和“完全电子档案”三个阶段，并对不同阶段中档案管理思想的演变进行了分析，其中“完全电子档案”阶段即电子文件单轨制阶段。②保鹏飞（2020）则将单轨制的发展分为概念形成、试点探索、有限推广和全面实行四个阶段来分析电子文件单轨制在我国实现的可能性及可行性。③蔡盈芳（2019）认为，企业单轨制电子文件归档经历了尝试、破冰、扩围和再出发四个阶段，从协同办公系统电子文件单轨制到 CAD 电子文件、会计电子文件及电子发票等类型的电子文件单轨制尝试的逐步拓展，尽管步伐较为缓慢，但仍初步取得了一些进展，在管理和技术方面具有突破。④

（2）电子文件单轨制可行性研究

长久以来，受历史环境和技术因素的制约以及电子文件安全性保障的需要，我国电子文件主要采用双轨制或双套制管理模式。但电子文件双轨制 / 双套制管理存在效率低下、资源浪费等严重问题，无法满足电子文件管理的目标与需求，也不符合数字转型的趋势和时代背景，因此，十分有必要变革这种陈旧的管理方式。正如刘越男（2021）所说，推进单轨制电子文件管理和研究既是信

① 冯惠玲．走向单轨制电子文件管理［J］．档案学研究，2019（01）：88-94.

② 郭金光，唐伟．纸质档案与电子档案互动发展的探讨［J］．陕西档案，2017（02）：44-45.

③ 保鹏飞．我国电子档案单轨制的可能性与可行性研究［D］．湖北大学，2020.

④ 蔡盈芳．尝试、破冰、扩围、再出发——企业单轨制电子文件归档管理的回顾与展望［J］．浙江档案，2019（05）：24-26.

息时代的迫切需求，也是我们在数据管理大潮中站稳脚跟，获取数据管理话语权的有益支撑。[①]

以数字形式为主的管理模式是未来文档管理不可逆转的趋势，[②]但其在实际应用过程中的可行性仍需斟酌。冯惠玲（2019）提出电子文件单轨制管理需要法律、政策和管理三大支点，从电子文件的法律证据效力、国家层面的政策制定、管理中的技术、系统和支撑活动等三个方面，指出我国实施电子文件单轨制是历史的必然。[③]也有部分学者通过分析国外相关成果来反思国内的发展情况，如杨茜茜（2014）在对澳大利亚政府数字转型政策分析的基础上指出，单轨化是优化我国电子文件管理的主要策略。[④]桂美锐（2019）指出，在当前各方面限制下，建立协同机制是实现电子档案管理模式变革的必由之路，并提出协同机制下所涉及的主要有政府主体、业务主体、管理主体和技术主体。[⑤]

还有部分专家将电子文件单轨制实施的可行性聚焦于某一领域或行业，结合实际情况进行有针对性地分析。如王文强（2020）在对单套制概念界定的基础上认为电子文件“单套制”归档和电子档案“单套制”管理在大型军工企业中具有一定的可行性。[⑥]丘美嫦（2018）从实践、技术、经济三个方面分析了高速公路项目实施电子档案单轨制具有一定的可行性；[⑦]齐钒宇等（2018）从经济、技术发展、可持续发展、社会发展四个角度论述了地质资料双轨制管理向单轨制管理转变的

① 刘越男．数据管理大潮下电子文件管理的挑战与对策［J］．北京档案，2021（06）：4-9.

② 钱毅．电子文件“单套制”管理相关概念的辨析与思考［J］．档案学通讯，2017（04）：8-13.

③ 冯惠玲．走向单轨制电子文件管理［J］．档案学研究，2019（01）：88-94.

④ 杨茜茜．我国文件档案“双轨制”管理模式转型——澳大利亚政府数字转型政策的启示［J］．档案学研究，2014（03）：9-13.

⑤ 桂美锐．电子档案“单套制”管理的多元主体协同机制［J］．档案管理，2019（01）：18-21.

⑥ 王文强．大型军工企业实施电子文件“单套制”归档与电子档案“单套制”管理的可行性研究［J］．机电兵船档案，2020（04）：77-79.

⑦ 丘美嫦．高速公路项目实施电子档案单轨制的可行性［J］．交通世界，2018（19）：140-141+149.

前景。[①] 此外，诸多学者还探索了电子文件单轨制在采矿业、电力供应、金融业、房地产、石油化工、交通等行业中的可行性。

但仍有部分学者认为，当前尚不具备成熟的条件来推行电子文件单轨制，应保持观望立场。如从法律角度而言，李海涛和郭静（2021）认为，当前电子文件证据尚未形成完整的法规体系且相关规定较为混乱，可采性和证明力应用还处于初级阶段，同时司法实践存在一定的操作障碍，难以保证单轨制下电子文件证据的真实性。[②] 从实际工作角度而言，薛四新（2020）提出，目前虽依靠系统开展工作，但依然会产生一些纸质文件，同时与电子档案相关的入库处理和数据库建设还不够精细，质量检查也不够全面，已有系统的自动化处理能力也不够强大，需要进一步深入研究和改进。[③]

（3）新技术在电子文件单轨制中的应用探索

随着信息化水平的不断提高和新兴技术的不断涌现，各行各业开始谋求利用新技术来改善工作现状，实现降本增效的目的。具体到电子文件单轨制而言，双套制的诸多弊端以及单套制所导致的诸多不确定性和风险，激发了档案工作者或研究者期望利用新技术如图文转录、自动采集、版本控制等数据生成技术，数据中台、数据仓库、数据湖等数据存储技术，数据挖掘、知识图谱等数据分析技术以及数字签章、区块链、时间戳等数据真实性维护技术等[④] 来改善现状。

章燕华等（2021）指出要充分发挥数字技术在解决档案实践“痛点”中的作用，这既是数字化转型的首义，也是档案治理现代化的必由之路。[⑤] 现有的研究关于区块链、电子签章技术在电子文件管理中的应用研究较多，如刘越男（2018）

---

① 齐钒宇，李晓蕾，商云涛.我国地质资料向“单轨制”转型前景及面临问题分析［J］.中国矿业，2018，27（10）：75–77+84.

② 李海涛，郭静.面向单轨制改革的广东省电子文件证据法规政策探析［J］.档案学通讯，2021（06）：40–49.

③ 薛四新.电子档案单轨制管理的关键问题研究［J］.浙江档案，2020（07）：17–20.

④ 刘越男.数据管理大潮下电子文件管理的挑战与对策［J］.北京档案，2021（06）：4–9.

⑤ 章燕华，王力平.数字化转型背景下的档案信息化发展战略：英国探索、经验与启示［J］.档案学通讯，2021（04）：28–35.

着重探讨了区块链技术在文件档案管理中的可行性，[①] 并以英国 ARCHANGEL 项目和 Inter PARES Trust 欧洲团队信任链模型项目为例，指出区块链技术在数字档案长期保存方面存在诸如发展、使用、生态等风险，仍有许多关键问题亟须解决。[②] 马琳、王艳等（2020）具体分析了基建智能管控系统中电子签章的作用，对单轨制电子签章在施工文件归档中的应用进行了分析和探讨。[③] 林杨（2021）致力于推动中台的实现，可以通过搭建业务中台降低应用建设的复杂度、通过建设数据中台消除数据孤岛或者借助统一云平台来实现非数字原生企业的数字化转型。[④]

2.1.1.2 电子文件单轨制是文档管理在数字经济时代数字转型的产物

2022 年国务院最新发布的《"十四五" 数字经济发展规划》（国发〔2021〕29 号）中提出："数字经济是继农业经济、工业经济之后的主要经济形态，是以数据资源为关键要素，以现代信息网络为主要载体，以信息通信技术融合应用、全要素数字化转型为重要推动力，促进公平与效率更加统一的新经济形态。"[⑤]2021 年 12 月最新发布的《数据资产管理实践白皮书（5.0 版）》[⑥] 中提出，数字转型已经成为企业提升竞争力的新赛道，数据对于无论是政府还是企业的数字转型而言都是至关重要的，指出要从战略管理、组织框架、制度体系、平台工具、长效机制等方面来保障数据资产的管理，从而促进数字转型。数字化、信息化、智能化等转变促使各行各业加速变革，并通过数字转型来提高产业竞争力。数字经济时

---

① 刘越男．区块链技术在文件档案管理中的应用初探［J］．浙江档案，2018（05）：7–11.

② 刘越男，吴云鹏．基于区块链的数字档案长期保存：既有探索及未来发展［J］．档案学通讯，2018（06）：44–53.

③ 马琳，王艳，杨义，陈晓艳．关于"电子签章"技术在抽水蓄能电站工程文件单轨制归档中的应用研究［J］．水电与抽水蓄能，2020，6（03）：113–116+120.

④ 林杨．非数字原生企业数字化转型实践与认识——以中海石油智能油田建设示范项目为例［J］．石油钻采工艺，2021，43（04）：552–558.

⑤ 国务院关于印发《"十四五" 数字经济发展规划的通知》［EB/OL］．［2022–02–06］．http：//www.gov.cn/zhengce/content/2022–01/12/content_5667817.htm

⑥ 中国信息通信研究院云计算与大数据研究所．数据资产管理实践白皮书（5.0 版）［R］．北京：中国信息通信研究院，2021.

代促进了生产力要素的数字化渗透和生产关系的数字化重构[①]，加速了技术的进步和人们生活方式的改变。就文档管理领域而言，数字经济加速了企业生产力和生产关系的变革，电子文件的产生及利用便是数字转型的产物。

2019年，立足于国有企业去产能、降低管理成本、推进混合所有制改革等战略部署，[②]国家档案局印发《关于在深化国有企业改革中加强档案工作的意见》[③]，对在深化国有企业改革中如何加强档案工作提出了一系列要求，文件的下发使过去一有改革则企业的档案工作首先被边缘化、弱化的情况得到有效遏制，也在一定程度上促进各企业积极进行数字转型探索。2021年6月，中办国办印发的《"十四五"全国档案事业发展规划》[④]也明确指出要加快档案资源数字转型，逐步建立以档案数字资源为主导的档案资源体系，大力推进"增量电子化"和"存量数字化"。

数字转型是机构各种业务活动在数字化转换、数字化升级基础上实现业务活动模式重建的高阶目标。学术界中，学者们也从不同角度对文档管理的数字转型进行了一定研究和探索。安小米等（2013）认为："数字转型指机构向无纸化管理与服务方式过渡的社会转型发展过程。"[⑤]冯惠玲等（2017）从信息载体形态变化的视角阐明数字转型的内涵，指出数字转型期档案管理要以数字文件为主要对象。[⑥]毛双惠（2021）以科研事业单位档案管理工作为研究对象，指出："数字转型即以数字技术为支撑对组织的传统流程及业务模式进行改造重建，使其实现互联、在线、

① 孙万兵.数字经济时代数字劳动的基本特征及其当代价值［J］.现代交际，2021（12）：214–216.

② 蔡盈芳.企业档案工作的创新与发展［J］.档案学通讯，2021（01）：16–20.

③ 国家档案局印发《关于在深化国有企业改革中加强档案工作的意见》的通知［EB/OL］.［2021–10–12］.https：//www.saac.gov.cn/daj/tzgg/201901/b29640235b7c4ba2bb1d556efcc2b8fa.shtml

④ 中办国办印发《"十四五"全国档案事业发展规划》［EB/OL］.［2021–08–25］.https：//www.saac.gov.cn/daj/toutiao/202106/ecca2de5bce44a0eb55c890762868683.shtml

⑤ 安小米，白文琳，钟文睿，孙舒扬.数字转型背景下的我国数字档案资源整合与服务研究框架［J］.图书情报工作，2013，57（24）：44–50+78.

⑥ 冯惠玲，刘越男，马林青.文件管理的数字转型：关键要素识别与推进策略分析［J］.档案学通讯，2017（03）：4–11.

智能运转及管理，已成为各行业培育发展的新目标、新动能。”[①] 钱毅（2017）对数字转型的本质进行了剖析，转型即转为数字单轨，以技术信号属性作为轨的判别标准，划分为模拟轨和数字轨两种形式，而数字转型是将模拟信号转变为数字信号。[②] 张靖航（2021）在参考钱毅“三态两化”理论的基础上，提出文档管理的数字转型应划分为“数字化”的初级转型阶段和“数据化”的高级转型阶段两个阶段。[③] 张卫东等（2018）研究档案资源整合的路径与方法时提出：“数字转型的核心是业务转型，基石是技术，最终目的是实现企业转型、创新和增长。”[④]

此外，国内学者对文档管理数字转型的研究大部分是以国内外电子政府建设、无纸化办公、相关实践等作为主要内容的。如冯惠玲和刘越男等（2017）在对美国、澳大利亚、韩国及中国文件管理数字转型调研的基础上提出，文件管理数字转型的关键要素主要有战略框架、体制、业务、系统、能力与责任。[⑤] 周文泓（2020）等借鉴美国电子文件管理实践，形成政府文件管理数字转型的六大维度：基础设备、流程、制度、管理工作群、组织及评估。[⑥] 马林青总结了美国和澳大利亚文件管理数字转型的成功经验，即采用目标倒逼机制、调用多层次法律和制度手段、建立多机构协作工作机制、强化电子文件与减少纸质文件双管齐下、加强文件管理能力与责任体系建设以及依托评估、报告与审计机制等。[⑦]

---

① 毛双惠．试论数字转型背景下的科研事业单位档案管理工作［J］．城建档案，2021（11）：24–26.

② 钱毅．电子文件“单套制”管理相关概念的辨析与思考［J］．档案学通讯，2017（04）：8–13.

③ 张靖航．数字转型期我国综合档案馆档案利用服务体系建设研究［D］．中国人民大学，2021.

④ 张卫东，左娜，陆璐．数字时代的档案资源整合：路径与方法［J］．档案学通讯，2018（05）：46–50.

⑤ 冯惠玲，刘越男，马林青．文件管理的数字转型：关键要素识别与推进策略分析［J］．档案学通讯，2017（03）：4–11.

⑥ 周文泓，刘静，向宇，文传玲．政府文件管理的数字转型框架研究［J］．档案与建设，2020（03）：27–30+35.

⑦ 马林青．国外政府电子文件管理规划分析及经验借鉴——以美国、澳大利亚文件管理的数字转型为例［J］．档案学通讯，2015（05）：73–77.

2.1.1.3 电子文件单轨制管理实践研究逐渐增多，对于实践中障碍和问题的认知探讨逐步深入

随着国家整体信息化水平的日益深入，政府、企业各项业务活动的电子化、数字化程度大幅度提升，各类业务信息系统纷纷上线。尤其是近几年，政商各领域业务活动引入了大量数字化、自动化、智能化的设备和系统，电子文件数量激增，由此进入电子文件大数据的爆发期。业务活动的变革极大地促进了电子文件管理的发展，它不但生成了海量的电子文件，而且因其迅捷的生成速度使电子文件在很多时候成为业务活动唯一的原始证据。实践需求的不断发展和转变，强有力地推动了电子文件管理向单轨制转型。当然，电子文件在运行和推广过程中，也不可避免地存在诸多问题，现有的研究成果聚焦于电子文件真实性、电子文件管理系统、元数据、长期保存等一些基本问题上，为进一步推动电子文件单轨制管理奠定了初步的理论基础。

（1）系统研究

系统是电子文件单轨制推行必不可少的平台与工具。蔡盈芳（2021）从实践角度指出“十四五”时期企业档案工作的重点内容之一就是电子文件单套制归档和电子档案单套制管理实施范围要由会计系统向管理系统、工程技术系统、科研系统等业务系统扩围。[①] 邬斌亮等（2013）较早地便提出要建立电子档案系统信息安全等级体系来应对信息安全的挑战。现有的研究中，学者们主要聚焦于探索不同领域电子档案管理系统的设计以及不同技术在系统中的应用。[②] 就不同领域电子档案管理系统的设计和实现，当前研究领域涵盖较广，朱少华（2021）以国家地震烈度速报与预警工程项目为例，探索能够建设满足项目档案信息化、统一化和标准化管理的重大项目档案管理系统。[③] 王艳、马琳等（2020）依托于敦化

① 蔡盈芳．企业档案工作的创新与发展［J］．档案学通讯，2021（01）：16-20.

② 邬斌亮，熊球．对电子档案系统信息安全等级体系建设的研究［J］．网络安全技术与应用，2013（09）：98-99.

③ 朱少华．国家重大项目档案管理系统建设浅析——以国家地震烈度速报与预警工程项目为例［J］．山东档案，2021（03）：79-81.

抽水蓄能电站基建工程建设项目，探索通过开发工程档案预立卷管理系统来提升电子档案管理效率的可行性。[①] 另外，还包括医疗[②]、房地产[③]、水利[④]等多个不同领域。在已有系统的基础上，不同技术如区块链[⑤]、数字水印技术[⑥]等的应用也为系统的改进和完善提供了一定支撑。此外，还有学者以需求为前提，提出在安全保密的前提下，设计一种电子档案快速分类系统来提高电子档案的分类精准度。[⑦]

（2）电子文件管理问题与对策研究

目前，有大量学者从不同角度指出电子文件单轨制在运行过程中面临诸多障碍。薛四新（2020）指出电子文件在档案化处理、质量检查、入库处理、在线归档系统功能等方面存在严重问题，认为解决问题的关键在于电子文件的可信归档以及电子档案的安全管理，要对各部门以及各系统数据库进行个性化分析，产生的电子文件要进行分库管理和精细化管理。[⑧] 毕建新、李东等（2019）以基金委项目为基础，从传统载体管理阶段、双轨制形成与完善阶段、向单轨制过渡阶段等梳理电子文件发展轨迹，指出电子文件保管的技术、元数据、数据格式等方面均存在一定问题，提出完善管理体制机制、确定职能鉴定结合内容鉴定的二次鉴

① 王艳，马琳，杨义，范龙楠．论工程项目文件在预立卷管理系统中“单轨制”的探索与研究［J］．水电与抽水蓄能，2020，6（05）：116–120.

② 陈忠煜．基于大数据的医院电子档案归档管理系统研究［J］．自动化技术与应用，2022，41（01）：162–166.

③ 周翔．电子档案管理信息系统建设的可行性探讨——兼论常州市住房公积金建设构想［J］．中国房地产，2021（19）：60–64.

④ 庄志凤．水利电子档案管理系统建设［J］．兰台内外，2021（27）：54–55+57+63.

⑤ 左晋佺，张晓娟．基于信息安全的双区块链电子档案管理系统设计与应用［J］．档案学研究，2021（02）：60–67.

⑥ 王晓琴．基于加密全息数字水印技术的电子档案管存系统设计［J］．现代电子技术，2021，44（08）：81–84.

⑦ 吴冬梅．基于区块链技术的电子档案快速分类系统设计［J］．电子设计工程，2021，29（20）：180–184.

⑧ 薛四新．电子档案单轨制管理的关键问题研究［J］．浙江档案，2020（07）：17–20.

定方法、制定元数据方案等对策。[①] 刘越男（2019）详细介绍了单轨制背景下电子签名的归档保存方案，为电子签名的归档、归档后的维护、移交及之后的保存提供了理论框架和技术指导。[②] 张宁（2008）通过对 153 家中央直属机关、省级档案机构和企事业单位的电子文件进行调查后发现，电子文件存在前后端管理脱节、管理功能不完善、管理制度不健全、管理技术落后等问题，这些问题都严重影响了电子文件的管理水平。[③] 曹佩蕾（2021）借助能力成熟度模型提出企业档案工作数字化转型的五大维度，即制度体系、档案资源体系、业务流程、档案利用服务和管控模式，并进一步指出现阶段我国企业档案工作数字化转型存在制度体系不完善、档案服务信息化水平仍不足、未实现全流程数字化、人员思想观念需进一步转变等问题，并结合成熟度模型对处于低级、中等级和高级的企业档案工作数字化转型提出一定的对策建议。[④] 胡娜（2019）主要分析了电子文件管理占用空间小、存储能力强、便于检索和重复利用等优势与信息来源庞杂、分类不明确、易泄露等劣势，提出加强电子文件鉴定、归档等来提高企业对电子文件管理的重视程度。[⑤] 吴雪清（2019）在对高校基建工程项目所产生的大量电子文件进行梳理时指出基建项目存在收集难、接收载体多样以及接收形式难以统一等诸多问题，可以通过完善基建工程电子文件管理制度、明确档案部门角色定位、规范档案接收途径和类型等方式来保证电子文件的及时归档。[⑥]

（3）电子文件管理试点研究

我们发现，一些信息化水平较高的政府机关、特定行业、先进企业在某些单

① 毕建新，李东，刘卫，刘开强 . 电子文件单轨制管理探索——以国家自然科学基金项目电子文件为例［J］. 档案学通讯，2019（05）：58-64.

② 刘越男，杨建梁，张洋洋 . 单轨制背景下电子签名的归档保存方案研究［J］. 档案学通讯，2019（03）：26-35.

③ 张宁 . 我国电子文件管理现状调查与思考［J］. 档案学通讯，2008（06）：15-19.

④ 曹佩蕾 . 我国企业档案工作数字化转型的问题与对策研究［D］. 中国人民大学，2021.

⑤ 胡娜 . 关于工程项目管理中电子文件管理的探讨［J］. 中国管理信息化，2019，22（04）：176-177.

⑥ 吴雪清 . 高校基建工程电子文件归档问题探究［J］. 城建档案，2019（05）：21-23.

一电子文件类型、单项业务活动中自发地开始尝试电子文件的单轨制运行。2016年、2018年国家档案局先后确定了48家企业电子文件归档和电子档案管理试点单位，这些单位实现了CAPP、PDM、ERP、财务系统等20类共计71个企业主营业务系统的电子文件归档和电子档案管理。[①]新鲜的实践激发和引领了学术研究的进一步发展。学者们围绕电子公文[②]、电子发票[③]、电子病历[④]、电子证照[⑤]、电子图纸[⑥]、电子合同[⑦]等单轨制管理进行了较多有益的探索与分析。如吴霞(2020)以宝钢实施数字化竣工图"单轨制"归档试点为例，探索以设计单位为主、参建单位共同协同编制数字竣工图的归档模式。[⑧]

但吴雁平、刘东斌（2019）认为现有电子文件"单套制"试点研究存在点状自循环，横不到边、纵不到底；文件自循环，不进馆、无归宿；系统自循环，前后不照，新旧系统不兼容；高端自循环，不依"摩尔定律"，不顾"木桶效应"等四个方面的局限。[⑨]王红敏和谢志成（2021）对已经通过的试点单位进行整体分析，发现存在部分试点单位对试点工作认识不足、关键技术难以突破以及电子

① 企业电子文件归档和电子档案管理试点工作圆满收官［EB/OL］.［2022-03-01］.https://www.saac.gov.cn/daj/xwdt/202110/19e15a1fb74847efa059c6b02b8471e5.shtml

② 杨濯，王子鹏.基于案例的电子公文单轨制瓶颈与对策研究［J］.浙江档案，2021（06）：26-28.

③ 帅振威.电子发票报销的无纸化探讨——数字化转型助力解决高校科研经费"报销繁"［J］.财会通讯，2021（07）：148-151.

④ 王凯戎.电子病历的法律地位及应用的可行性［J］.中华医院管理杂志，2005（08）：554-557.

⑤ 杨茜茜.智慧社会背景下政务服务数据资源的档案化管理——基于电子证照应用管理的研究［J］.浙江档案，2018（09）：10-12.

⑥ 张艳.推动企业电子图纸档案化管理的措施［J］.数字与缩微影像，2019（03）：11-12.

⑦ 吴金莉.浅议电子合同档案争议的法律适用［J］.办公室业务，2011（12）：84-85.

⑧ 吴霞.企业竣工图单轨制管理研究［J］.办公室业务，2020（09）：37-38.

⑨ 吴雁平，刘东斌.电子文件"单套制"归档宜称"单轨制"归档辨析——对电子文件"单套制"归档管理趋势的探讨［J］.档案，2019（08）：4-9.

文件的信息安全存在一定的风险等问题。[①] 从大量试点案例研究来看，很多机构所谓的电子文件单轨制管理并未实现真正意义的单轨制。究其原因，在于上述实践中的摸索仍然缺乏对于电子文件单轨制管理的本质认知以及在理论层面对于上述局限产生原因的深入理解。

2.1.1.4 档案的资产价值日益明显，且档案数据资产观念逐渐被接受

早在 1994 年，王世金和袁从仕便指出，单纯的档案资源已经难以揭示它在现代产业经济中的法律地位和经济功能，因此必须要树立档案资产的观念，[②] 随后档案的资产价值以及如何实现档案的资产价值或对其进行评估便引起重视和研究。随着数字经济时代的到来，数据成为继土地、劳动、资本等之后的又一重要生产要素，数据的重要性日益凸显，数据资产这一观念也被广泛认可。《数据资产管理实践白皮书（5.0 版）》将数据资产（Data Asset）定义为“由组织（政府机构、企事业单位等）合法拥有或控制的数据资源，以电子或其他方式记录，例如文本、图像、语音、视频、网页、数据库、传感信号等结构化或非结构化数据，可进行计量或交易，能直接或间接带来经济效益和社会效益。”[③] 随着电子文件单轨制的推行，企业或项目中生成了大量结构化或非结构化数据，而这些数据都是企业档案的重要组成部分，是企业或项目的核心数据资产，是不可或缺的驱动力，因此传统的档案资产内容也逐渐丰富并扩充至档案数据资产。

档案数据资产化从数据的视角重新审视文件与档案的价值属性和管理思路。在企业或项目中，目前针对企业档案数据资产及档案数据资产化的概念界定并不多，学界普遍认可的是张宁、宫晓东于 2017 年提出的“企业档案数据资产即在企业各项活动中形成的，归企业所属并受控的，归档保存的、能够为

---

① 王红敏，谢志成．建设项目电子文件归档和电子档案管理试点研究［J］．中国档案，2021（03）：68–69.

② 王世金，袁从仕．要树立企业档案资产观念［J］．中国档案，1994（02）：12–13.

③ 中国信息通信研究院云计算与大数据研究所．数据资产管理实践白皮书（5.0 版）［R］．北京：中国信息通信研究院，2021.

企业未来发展提供信息支持并产生效益的企业核心数据资源”[①]，并指出档案数据资产化是大数据时代档案实现数字转型的关键，是打通档案数据与企业其他数据之间隔阂、促进企业数据资产保值增值的必要途径。同时，还指出建立涵盖管理域、业务域、治理域、技术域、价值域等在内的企业档案主数据治理体系[②]，是企业档案数据资产化的关键一环。随着档案数据资产价值的逐渐显现，诸多学者也开始致力于对档案数据资产化的路径及相关评估进行深入的研究。如杨佳莹（2021）主要探讨我国企业档案数据资产化开发利用的策略，并提出针对初阶、中阶、高阶等不同层次的需求采用不同的方式实现档案数据的资产化开发利用。[③]朱富成等（2021）以应急类档案数据为研究对象，通过建立包含安全性、有效性、真实性、完整性及互操作性等在内的指标体系对其价值进行评估，以此来实现档案资源的高效利用。[④]

这些研究成果对于开拓管理思路、转变管理观念与变革管理方法具有积极的启发和推动作用。但对于工程项目电子文件单轨制管理这样一个需要理论与实践紧密结合的具体对象而言，现有的研究成果深度不足，大多停留在理论介绍、意义阐述等层面，难以真正地应用到管理实践当中。

2.1.1.5 目前关于工程项目电子文件单轨制的研究较为单一，缺少系统的理论研究与支撑，研究成果不足

随着信息化建设的逐渐深入，工程项目建设活动使用了大量的信息系统和技术手段，生成了数量巨大、类型复杂的电子文件，这些电子文件是工程项目各项业务活动的直接、原始数据记录，是维持业务活动开展、提高协同工作效率、支持决策的首要工具。但由于目前国内尚无成熟的工程项目电子文件单轨制管理范

---

① 张宁，宫晓东．企业档案数据资产概念的辨析与确立［J］．档案学研究，2017（06）：57–60.

② 张宁．主数据驱动视角下的企业档案数据资产管理［J］．档案学研究，2019（06）：47–52.

③ 杨佳莹．我国企业档案数据资产化开发利用策略研究［D］．中国人民大学，2021.

④ 朱富成，刘永，许烨婧．应急处置类档案数据资产化及其经济价值评估指标构建［J］．档案管理，2021（06）：63–65.

例和可资借鉴的指导理论，试点单位基本上都处于“摸着石头过河”的状态。

在此背景下，谢灿荣（2020）指出，当前高速公路建设项目电子文件在管理制度、技术标准、信息系统及管理理念等方面均有较大改进空间，并肯定了电子文件归档及电子档案管理是高速公路建设项目档案管理的未来趋势。① 王会粉等（2020）分析了建设项目电子文件单轨制在制度规范、形成过程、技术应用、人员意识与能力等方面存在一定风险，提出了建立实时监控机制、建立完善的法规制度体系、构建一体化平台等具体措施。② 燕鹏等（2021）以国家档案局确定的首批试点之一深中通道项目为例，推进大型建设项目档案信息化、档案信息同步与电子档案的系统管理新模式，同时探讨大型建设项目引入建筑信息建模（BIM）技术的可行性，以此来发挥电子档案的驱动作用。③

总体而言，目前已有的关于工程项目电子文件单轨制的研究聚焦于某一试点单位的具体做法及成功经验或障碍问题中，总体缺少系统的理论支撑，也尚未深入相关的理论研究中，研究较为单一和表面。

2.1.2 国外研究现状

国外信息技术发展较快，关于电子文件和电子档案管理方面的研究起步也较早。如 1994 年加拿大档案学者 Terry Cook 便提出“档案后保管理论”以及 1996 年澳大利亚学者 Frank Upward 提出“文件连续体理论”等。而“单轨制”是带有中国特色的管理概念，“在国外文献和所知有关文件、档案管理政策中未见类似说法……而是用‘电子方式管理和保存文件’大致对应于我国的单轨制”。④（冯惠玲，2019）在阅读相关文献中可以发现，国外的数字连续性（Digital continuity）、数字转型（Digital transformation）、数字化转型（Digital

① 谢灿荣．高速公路建设项目电子文件归档及电子档案管理研究［J］．西部交通科技，2020（04）：206–208.

② 王会粉，胡心语．建设项目电子文件单轨制风险研究［J］．档案管理，2020（06）：52–55.

③ 燕鹏，舒忠梅．基于BIM技术的大型建设项目电子档案协同管理［J］．北京档案，2021（07）：31–33.

④ 冯惠玲．走向单轨制电子文件管理［J］．档案学研究，2019，（01）：88–94.

transition）、办公无纸化（paperless office）等概念大致对应于我国的电子文件单轨制管理。

2.1.2.1 国外多以政府颁布政策法令等方式推动文档管理的数字转型

通过研究分析发现，国外的电子文件管理大多依托政策法令来展开，如作为数字转型的成功典范，澳大利亚国家档案馆早在 2011 年 7 月就发布了数字转型政策（Digital Transition Policy）①，规定所有机构的文件以数字的形式产生、存储和管理，该政策旨在将澳大利亚政府工作的重点转向数字信息和文件管理，从而提高行政效率。在此基础上，又颁布了 2020 数字连续性政策（The DigITal ContinuITy 2020）②，明确了数字信息管理三大原则及其实施路径，并规定了各项管理活动的完成时间。

美国行政管理和预算局（Office of Management and Budget，简称 OMB）和国家档案与文件署（National Archives and Records Administration，简称 NARA）在 2012 年 8 月联合颁布了《管理政府文件指令》（Managing Government Records Directive）③，该《指令》指出，到 2019 年末，联邦机构要以电子的形式管理其所有永久性电子文件，并且还要以电子的形式将其移交到 NARA。2017 年 7 月，OMB 和 NARA 又共同发布备忘录：向电子文件过渡（TransITion to Electronic Records）④，以确保所有联邦文件在 2022 年 12 月 31 日前以电子格式创建、保留和管理。

---

① National Archives of Australia. Digital Transition Policy［EB/OL］.［2021-09-20］.https: //www.naa.gov.au/information-management/information-management-policies/digital-continuity-2020-policy/digital-transition-policy

② National Archives of Australia. Digital Continuity 2020 Policy［EB/OL］.［2021-09-20］. http: //www.naa.gov.au/information-management/digital-transition-and-digital-continuity/digital-continuity-2020/index.aspx.

③ Presidential Memorandum-Managing Government Records［EB/OL］.［2021-10-03］. https: //obamawhitehouse.archives.gov/the-press-office/2011/11/28/presidential-memorandum-managing-government-records

④ National Archives and Records Administration. Transition to Electronic Records［EB/OL］.［2021-10-03］.https: //www.archives.gov/files/records-mgmt/agency/rrb-saorm-2020.pdf

加拿大国家图书档案馆发布了《数字化 2017》(Digital by 2017) [①],对政府机构的文件管理做出了规定，内容包括：2017 年 4 月 1 日之后形成的所有原生性电子档案，都要以电子形式移交档案馆；数字化形成的电子档案也应以电子形式移交档案馆。档案馆依旧接收 4 月 1 日以前的非电子形式的电子档案；对于 4 月 1 日之后形成的非电子形式的档案，若符合官方记录的要求，档案馆也应对其进行接收。可以看出，不同国家均根据本国的文件管理情况，有针对性地颁布了一系列政策法令来推动文档管理的数字转型，这种从上至下的转型方式体现了政府对于数字转型的决心和支持，积极应对环境变化的挑战，探寻数字经济时代电子文件管理的新模式、新方法。

此外，澳大利亚、美国、加拿大等国家曾先后发布相关政策设定联邦政府部门实现电子文件单轨制（单套制）的时限。如 2012 年 8 月，美国 OMB 和 NARA 联合发布了给联邦机构负责人的备忘录——《管理文件指令》(Managing Records Directive) 明确指出数字信息应采用数字化的管理方式，要求到 2019 年末，联邦机构要以电子形式管理所有的具有永久保存价值的电子文件，并以电子形式最终移交到 NARA。之后，电子邮件通过专项计划首先实现了全程电子化管理。但根据作者对美国、澳大利亚部分地方档案部门的实地考察，这些国家非常注重国家政策层面对电子文件单轨制的倡导和鼓励，也配套制定了很多制度和管理措施，在联邦政府层面电子文件单轨制管理推进程度较高，但在地方和机构层面比较务实，实施电子文件单轨制的条件是否成熟、电子文件单轨制管理是否可行是其首要考虑的问题。正如一位美国教授所言“单纯用电子方式记录和作为档案保存不是问题，问题是需要多长时间通过何种途径去实现这一目标。”

2.1.2.2 国外将电子文件（单轨制）研究置于数据资产管理、内容管理、知识管理等更广范畴之内，统一于信息化、数字化、数据化等社会大背景之下

上述发达国家信息化建设和数字转型开始较早，转型也较为成功，以数字的方式来管理电子文件已基本成为一种共识。在此基础上，他们对于电子文件管理

① Library and Archives Canada. Digital by 2017［EB/OL］.［2021-07-03］.https: //www.bac-lac.gc.ca/eng/services/government-information-resources/guidelines/Pages/introduction.aspx.

的研究更加聚焦于内容管理、数据资产管理、知识管理等深层次的范围，在数据管护、电子文件长期保存等方面也有颇多研究。如内容管理专家 Elizabeth（2014）在其《数字资产管理》一书中明确地指出文件管理系统是与数字资产管理最为相近的一类信息系统，二者基本等同，数字资产管理的对象就是存在于系统之中的电子 / 数字的数据记录。①Sprehe（2008）指出，电子文件是企业知识管理的基础，是对组织效率和生产力有积极贡献的资产，电子档案管理领域最需要的是减少对风险管理的关注，要为强调信息的管理和利用留出更多空间。②

同时，国外也有很多研究将电子病历、电子政务文件作为研究对象。如 Pathan、Baroudi 等（2021）使用电子病历实时收集数据，并发现当前医院电子病历中保存的出院时间存在重大错误；③Htun、Win、Han 等（2021）认为信息和通信技术的可用性、工作人员的熟练度以及卫生专业人员对变革的抵制程度都会影响电子病历系统（Electronic Medical Record System）的实施，建议加强全面在职培训制度的建立以及电子病历系统在培训中的情景化，以此来提高医疗服务水平。④Lee（2009）以韩国政务档案为研究对象，指出当前韩国政府文件已经从纸质记录管理转向电子记录管理并构建了任务管理系统，针对档案的改革虽提高了政府的透明度，但其技术支撑力度不够，仍待加强。⑤

---

① Elizabeth FK. Digital Asset Management: Content Architectures, Project Management and Creating Order Out of Media Chaos［M］.Apress, 2014.

② Sprehe JT. Exploring the Information Management Side of RIM［J］.Information Management Journal, 2008, 42(3): 62–67.

③ Pathan SA, Baroudi OA, Rahman ZH, et al. Electronic medical record error in reported time of discharge: A prospective analysis at a tertiary care hospital［J］.International Journal of Healthcare Management, 2021, 14(3): 880–887.

④ Oo HM, Htun YM, Win TT, Han ZM, Zaw T, Tun KM. Information and communication technologyliteracy, knowledge and readiness for electronic medical record system adoption among health professionals in a tertiary hospital［J］.Myanmar: A cross-sectional study, 2021, 16(7): 1–15.

⑤ Lee KR, Lee K-S. The Korean government's electronic record management reform: The promise and perils of digital democratization［J］.Government Information Quarterly, 2009, 26(3): 525–535.

此外还有部分学者侧重于电子文件相关系统及推广经验、可行性等方面的研究。如 Schnell（1999）主要侧重于某一具体系统的研究，重点介绍 Prospero 电子文件交付项目的用途和优势，并在电子馆际互借服务发展的背景下对 Ariel 系统进行介绍，阐明顾客访问该系统以及在线传输电子文件的权限。[①]Karloshe 和 Nengomasha（2018）以系统用户和系统管理员为调查对象，以纳米比亚公共服务部门电子文件管理系统为研究对象，发现管理支持、资源、格式转换策略、安全保障、系统维护等因素都会对系统的实施效果产生影响，并提出通过提高工作人员管理意识和管理技能、将电子文件管理系统的某些方面从总理办公室下放到各政府办公室或机构来划分电子文件管理系统的所有权。[②]Leikums（2013）认为，互联网以及数字签名的发展迫使电子文件的发展做出改变，在回顾电子文件发展历史的同时，总结了不同国家在实施电子文件服务方面的经验并提出电子文件和电子服务的流通已经成为公共部门中最重要的 IT 发展趋势。[③]Schürer（2003）则主要讨论国外有关档案的著作，如《公民更好地获取电子信息：公共管理与有关电子文件的档案服务之间的关系》以及《数字项目手册：用于保存和访问的管理工具》等来突出电子文件管理的重要性。[④]Okriashvilitg、Pavlyuk 等（2020）则主要分析了电子文件法律监管方面的条件、发展程度以及其在各个领域实施的可能性，他们指出，为了保证电子文件管理大范围实行，有必要建立一种信任服务

① Schnell EH. Freeing Ariel: The Prospero Electronic Document Delivery Project. Journal of Interlibrary Loan［J］.Document Delivery & Information Supply, 1999, 10(2): 89.

② Karloshe ANT, Nengomasha CT. Change Management: A Critical Factor for Successful Implementation of an Electronic Document and Records Management System (EDRMS): A Namibian Case Study［J］.Journal for Studies in Humanities and Social Sciences, 2018, 7(2): 85–105.

③ Leikums T. A Study on Possibilities of Electronic Document Circulation in Public Sector for Rural Development. Research for Rural Development［J］.International Scientific Conference, 2013, V01. 2, 187–194.

④ Schürer K. Better Access to Electronic Information for the Citizen: the Relationship Between Public Administration and Archives Services Concerning Electronic Documents and Records Management. INSAR［J］.Journal of the Society of Archivists, 2003, 24（1）: 107.

机制，该种服务机制是一种具有核实电子签名真实性和数字文件合法性的权利。[①]

2.1.2.3　国外工程项目电子文件单轨制管理研究较早，工程项目业主方的管理意识与认识水平是主要影响因素之一

由于国外数字转型相较于国内而言时间较早、进程较快，因此其就工程项目领域中的电子文件单轨制研究也较早，能直接检索到的文献时间也早于国内。

通过分析发现，国外文献研究更多地集中于系统方面，如 Caldas、Soibelman 等（2003）认为信息技术在工程建设中的使用大大增加了工程项目管理系统中存储的电子文件的数量，基于此背景，提出改进信息系统中信息组织和访问的方法并对电子文件实现自动分层分类。[②]Nigel、James（2007）指出，工程建设项目的障碍往往被忽视和低估，工程项目的多种缺陷和障碍需要借助便于数据输入和档案处理的系统，从而消除对传统工作方法的依赖，同时认为对于建筑业甚至是更广泛的工业部门来说，有望实现完全电子化。[③]Wright（2013）认为项目建设过程中包括技术图纸、预算以及相关进程文件都必须归档保存，相较于传统文档管理的地位有所上升，已成为工程项目建设中的关键业务流程。[④]Guo、Jahren、Turkan（2021）通过对比和分析美国四个不同交通建设项目的电子档案管理系统来总结其共同功能和独特特征，以此来开发适用于交通建设项目的电子档案管理系统，促进项目利益相关者之间的数据共享。[⑤]

---

① Okriashvilitg TG, Pavlyuk AV, Yakupov AG, Kirillova EA. Legal Status, Role and Features of Electronic Document Management［J］.Utopia y Praxis Latinoamericana, 2020, 25:178-186.

② Caldas CH, Soibelman L. Automating hierarchical document classification for construction management information systems［J］. Automation in Construction, 2003, 12(4): 395.

③ Nigel Craig, James Sommerville. Records management and information processing on construction sites using digital pen and paper［J］. Records Management Journal, 2007, 17(3): 201-215.

④ Wright S. Why would a Construction Business have a Document Management System?［J］. Credit Control, 2013, 34(10/11): 70-73.

⑤ Guo F, Jahren CT, Turkan Y. Electronic Document Management Systems for the Transportation Construction Industry［J］.International Journal of Construction Education & Research, 2021, 17(1): 52-67.

除了网上可检索的文献资料之外，作者结合在美国访学期间实地考察和间接获取的有关信息，还可以得出一些初步的认识：由部分企业主导的一些工程项目整体信息化水平较高，电子文件数量庞大，多数企业较为看重电子文件的数据价值，偏重电子文件数据的开发与利用。同时，由于社会制度环境及信用机制的差异，他们对电子文件单轨制涉及的可信性和长期有效性等问题关注不多，没有对双轨制还是单轨制设定统一和强制的要求。国家档案主管部门对企业档案管理没有直接的领导权和指导权，国家政策只能起到引导和参考的作用。因此，工程项目中电子文件管理模式和水平差异较大，仅以目前调查结果看，尚未收集到完全实现电子文件单轨制管理的工程项目的相关信息。

2.1.3 文献研究总结

上述对国内外研究与实践成果的综合研究比较系统地展示了工程项目电子文件单轨制管理的发展历程与现实状况，为进一步开展研究提供了很好的视角、思路和方法，相关研究结果将成为本书的重要理论基础和起点，一些针对已有电子文件单轨制管理理论与实践进行的思考和分析，也是研究中需要广泛参考和借鉴的。然而，电子文件单轨制管 理是一项复杂的工作，涉及因素众多，造成绝大多数研究仍难以完全跳出传统固有的思考角度、思维模式和既定框架，未能对问题背后深层次的原因做出本质性的阐释和解读，同时理论与实践结合程度亦显不足。尤其是关于工程项目电子文件单轨制管理的研究基本上处于空白状态，而本书的研究将在这些方面有所补充和突破。

2.2 问卷调查——我国工程项目电子文件单轨制实施现状调查

为了进一步把脉我国工程项目电子文件单轨制的发展现状，获取更加广泛和真实的一手数据，为后续研究奠定坚实的数据基础，问卷调查将作为本书前期研究的主要任务和方法之一。问卷调查主要以我国工程项目电子文件单轨制为调查对象，考察不同类型工程项目及企业当前电子文件单轨制的实施情况及其在实施过程中遇到的障碍和难题。

2.2.1 问卷设计

调查问卷主要是结合研究假设、研究目的及文件生命周期理论来设计的，其主体部分主要分为“电子文件形成情况”“电子文件形成系统（业务系统）情况”“电子档案管理情况”“档案管理系统情况”“体系建设情况”等，各部分问题及答案的设置参考已发布的相关标准并结合实际情况加以设定，以保证问卷设计的合理性及调查内容的全面性。问卷详情请见附件。

2.2.2 数据收集及去噪

由于客观原因的局限，调查问卷的发放及填写主要通过“问卷星”来完成，发放及收集时间主要为 2021 年 1—3 月，发放对象主要为目前企业中从事工程项目档案管理的相关人员，共获得问卷 256 份。

为保证回收问卷数据的准确性和有效性，我们对收集到的问卷数据进行一定的去噪处理，删除填写问卷时间过短、所填选项与实际情况不符、前后填写矛盾等无效数据。经过对问卷数据进行认真的剔除和筛选，最终得到有效问卷 167 份。

需要说明的是，问卷中存在同一问题在不同部分多次出现的情况，其目的是为了验证填卷人前后回答的一致性，增强问卷的可信度。虽然就整体而言本次问卷调查存在一定比例的无效问卷，但经过多重筛选后的有效问卷数据基本真实、可靠，能够比较好地保证后续数据分析结果的准确性。

2.2.3 问卷数据总体情况分析

为保证调查结果的普遍性，问卷发放过程中尽可能涉及较为全面的工程类型。如表 2–1 所示，本次问卷调查涉及的工程类型主要有火电工程、风电工程、光伏工程、水电工程、房屋建筑及电网工程等，涉及范围较为广泛、全面，也可以反映出不同类型工程项目在实施电子文件单轨制过程中存在问题的差异性。

表 2–1　工程项目类型统计表

项目	数量	占比
火电工程	70	41.92%
风电工程	49	29.34%
光伏工程	33	19.76%

续表

项目	数量	占比
水电工程	30	17.96%
其他	15	8.98%
房屋建筑	6	3.59%
电网工程	4	2.40%
市政公用	4	2.40%
机电安装	3	1.80%
港口航道	2	1.20%
矿山工程	2	1.20%
石油化工	1	0.60%
公路工程	1	0.60%
铁路工程	1	0.60%
冶炼工程	1	0.60%
核电工程	0	0
民航机场	0	0
总计	222	100%

为了保证回收调研数据的准确性，问卷发放对象大多是工程项目的文档管理员，他们是整个项目或企业中直接参与项目档案管理的人员，对于档案或文件的整个流转过程相较于业务人员而言更为了解，能够提供较为真实、可靠的一手数据。

表 2–2　问卷填写人统计表

职务类型	数量	占比
项目负责人	2	1.2%
文档管理员	160	95.8%
系统技术人员	3	1.8%
其他	2	1.2%
总计	167	100%

2.2.3.1 电子文件形成情况

在筛选出的 167 份有效问卷中，虽有 11.98% 的项目表示其在工程项目实施及管理过程中尚未形成电子文件，但相较而言，目前已形成电子文件的情况更为普遍，电子文件的大量形成和使用为电子文件单轨制管理提供了实施的必要性与可行性依据。

表 2–3　电子文件形成统计表

	数量（个）	占比
是	147	88.02%
否	20	11.98%
总计	167	100%

调查数据显示，目前已经生成的电子文件仍是以传统文件类型如文本文件、照片文件、图形文件、视频文件等为主，而新型文件类型如程序文件、超媒体链接文件、网页文件等较少，这些类型多样且复杂的电子文件主要通过纸质文件数字化和系统直接生成两种方式来形成，且现阶段通过纸质文件数字化形成电子文件的做法更为普遍。

表 2–4　文件类型及形成情况统计表

	纸质文件数字化	系统直接生成
文本文件	138	110
照片文件	92	70
图形文件	65	40
电子邮件	20	26
音频文件	27	25
视频文件	35	34
程序文件	7	11
数据库文件	11	24
压缩文件	12	17
超媒体链接文件	4	7
网页文件	8	16

在已经生成电子文件的 147 家企业及项目中，超过 80% 的档案部门表明已经开始接收项目中形成的原生电子文件进行归档，这在一定程度上表明当前档案部门及档案人员归档保存电子文件的意识已有所增强，但其针对归档电子文件的后续保存、管理方式及效果仍有待考量。

表 2–5　接收电子文件归档统计表

	数量（个）	占比
是	121	82.31%
否	26	17.69%
总计	147	100%

同时，在项目建设过程中常见的各种类型的文件中，多数企业只将如照片、影像视频等文件保存为电子版本，即实现“单套制”管理。而项目建设和运行过程中生成的如合同、施工图、竣工图、招投标文件等重要文件则仅有少数企业尝试将其只保存为电子版本。

表 2–6　只有电子版本文件统计表

	数量（个）	占比
合同	22	14.97%
设计图	15	10.2%
施工图	15	10.2%
竣工图	15	10.2%
各类照片	56	38.1%
各种项目表单	12	8.16%
各种报表	17	11.56%
请示批复	24	16.33%
各类影像视频	74	50.34%
招投标文件	14	9.52%
其他	31	21.9%

在对企业及工程项目电子文件和档案归档的过程中，超过 85% 的企业表明其采用双套制进行归档，且主要通过将纸质版本的文件扫描成电子文件来实现。而未采用双套制进行归档的企业中，只归档电子文件的企业比例远小于只归档纸质文件的企业。虽然目前大力推行电子文件单轨制，但数据表明，双套制做法仍然占据主导地位。

表 2–7　双套制归档及其情况统计表

<table>
<tr><td rowspan="2">是</td><td rowspan="2">129</td><td rowspan="2">88%</td><td>纸质文件扫描成电子文件</td><td>64%</td></tr>
<tr><td>电子文件打印成纸质文件</td><td>36%</td></tr>
<tr><td rowspan="2">否</td><td rowspan="2">18</td><td rowspan="2">12%</td><td>只归档纸质文件</td><td>70%</td></tr>
<tr><td>只归档电子文件</td><td>30%</td></tr>
</table>

2.2.3.2 电子文件形成系统（业务系统）状况

相较于电子档案管理系统，前端的各种业务系统是保证企业运行、提高企业管理效率的有力工具，也是形成电子文件的关键途径。

各企业在运行管理过程中使用的业务系统类型多样，通过前期实地了解发现，工程项目建设过程中所涉及的业务系统大致包括项目管理系统、办公自动化（OA）系统、工程建设系统、合同管理系统、财务管理系统、招投标系统等。数据显示，在形成电子文件的业务系统中，办公自动化（OA）系统、合同管理系统、项目管理系统等占比较大，还有部分企业表明其现有的生成电子文件的业务系统还包括 ERP 系统、智能管控系统等。

除了企业传统的前端业务系统生成电子文件外，还有约 73% 的企业表明其存在通过其他电子设备如数码相机、手机、摄像头、传感器、无人机等形成电子文件的情况，而这些电子文件由于保存难度大、暂无统一保存要求及格式等原因大多被保存于原始生成设备中，一定程度上加大了保存和管理难度。

表 2–8　生成电子文件的业务系统统计表

	数量	占比
项目管理系统	42	28.57%
办公自动化（OA）系统	131	89.12%
工程建设系统	30	20.41%
合同管理系统	72	48.98%
财务管理系统	40	27.21%
投招标系统	6	4.08%
暂无业务系统	3	2.04%
其他	6	4.08%

在对生成电子文件的业务系统功能进行了解的过程中发现，除了可以按照电子档案的格式要求生成电子档案外，其余的功能大多尚不完备，如只有少数业务系统支持直接生成归档数据包并按照要求向电子档案管理系统归档。且通过深入考察发现，超过 70% 的企业表明其目前已有明确的归档范围及归档要求，而在此前提下，业务系统的在线归档功能并不完备，需要更多的人工参与对其进行线上或线下归档。

表 2–9　业务系统功能统计表

	数量（个）	占比
具备成熟稳定的电子文件流转、电子签名、安全认证等功能	41	28.3%
支持按照电子档案格式要求，形成电子文件及其组件	83	56.46%
支持在电子文件形成和流转过程中自动采集电子文件元数据	50	34.01%

续表

	数量（个）	占比
支持电子文件及其元数据的在线归档	58	39.46%
支持生成归档数据包，按照程序要求向电子档案管理系统归档	57	38.78%
内嵌电子档案分类方案、归档范围与保管期限表，支持电子文件自动或半自动分类、划定保管期限	27	18.37%

在前文统计数据的基础上，对电子文件的归档方式进行调查发现，仅有约15% 的企业表明其采用在线归档的方式对业务系统生成的电子文件进行归档，而多数企业则采用“在线归档 + 离线归档”两者结合的方式。

《电子文件管理暂行办法》第十六条明确规定：“电子文件应当以国家规定的标准存储格式进行归档。”而调查结果显示，当前仅有约 1/3 的企业将归档的电子文件转换成标准格式，多数企业归档的电子文件中还存在部分电子文件以原格式归档的情况。原格式与标准格式电子文件共存的情况下，容易在后续管理的过程中由于格式不一致而导致移交或管理困难。

表 2–10　归档电子文件方式统计表

	小计	占比
在线归档	23	15.65%
离线归档	40	27.21%
两者都有	84	57.14%

表 2–11　归档电子文件格式统计表

	数量（个）	占比
保留原格式	36	24.49%
转换成标准格式	47	31.97%
两者都有	64	43.54%

此外，回收的数据显示，目前仅有少数业务系统在电子文件流转过程中实现了电子签名功能，通过后期考证，这些表明业务系统已具备电子签名的企业中，除了使用 U 盾、CA 证书外，其余的电子签名多为手签拍照上传、插入签名图片等，而这些所谓的“电子签名”仅仅是传统签名的电子化，其本质上并未脱离传统的签名验证方式，并未真正实现电子签名。

表 2–12　业务系统使用电子签名情况统计表

	数量（个）	占比
是	28	19.05%
否	119	80.95%

除了采用电子签名的方式保障业务系统的安全外，多数业务系统采用权限管理、身份认证、防火墙等较为传统的方式对其进行保障，这些措施也直接影响了业务系统生成电子文件的安全性。

表 2–13　业务系统安全保障功能统计表

	数量（个）	占比
身份认证	79	53.74%
权限管理	120	81.63%
审计跟踪	12	8.16%
电子签名	34	23.13%
数字摘要	13	8.84%
防火墙	62	42.18%
入侵检测	33	22.45%
日志监控	38	25.85%
其他	11	7.48%

《电子文件管理暂行办法》第十六条规定："电子文件及其元数据应当同时归档。"而数据表明，超过半数的企业表明其并未有明确的归档元数据的规定，但在此基础上，多数企业仍会选择对电子文件的元数据进行归档，一定程度上保障电子文件的完整性。

表 2–14　归档元数据规定情况统计表

	数量（个）	占比
是	63	42.86%
否	84	57.14%

2.2.3.3 电子档案管理情况

参照工程项目中产生的电子文件种类（表 2–4），电子档案管理系统接收的电子文件也主要以传统的文本文件、照片文件、图形文件、音视频文件等为主，新型的文件类型如程序文件、数据库文件、超媒体链接文件等较少，这也与工程项目中产生的电子文件类型相一致。

表 2–15　电子档案管理系统接收文件格式统计表

	数量（个）	占比
文本文件	125	85.03%
照片文件	100	68.03%
图形文件	57	38.78%
电子邮件	13	8.84%
音频文件	35	23.81%
视频文件	49	33.33%
程序文件	5	3.4%
数据库文件	11	7.48%
压缩文件	31	21.09%
网页文件	6	4.08%
超媒体链接文件	2	1.36%
其他	9	6.12%

随着电子文件种类和数量的日益增多，档案部门对各业务系统及其他电子设备生成的电子文件的接收主要以系统收集和人工收集结合为主，只有极少数企业表明其可以实现电子文件通过系统自动收集，减少人工参与。而收集的时间则大多为项目的阶段性收集或在项目结束后再统一进行收集，只有 1/3 左右的企业在项目建设过程中进行电子文件的实时收集。此外，还有少数企业表明其由于项目性质的差异，各不同项目档案的归档时间不尽相同。

表 2–16　电子档案接收方式统计表

	数量（个）	占比
系统自动收集	6	4.08%
人工收集	64	43.54%
系统人工结合	71	48.3%
其他	6	4.08%

表 2–17　电子档案接收时间统计表

	数量（个）	占比
实时收集	50	34.01%
阶段性收集	75	51.02%
项目结束后收集	78	53.06%
其他时间	9	6.12%

对于已经归档的电子档案，超过 70% 的企业采用在线存储的方式进行存储，同时为保证安全，辅以离线存储的方式，只有少数企业采用近线存储来存储接收的电子档案。而对于存储载体，随着互联网技术的不断完善，服务器已经成为电子档案存储的主要载体，这也与其在线存储为主要存储方式的调查结果相一致，离线存储则以传统的存储载体如硬盘、光盘等为主。

表 2-18　电子档案存储方式统计表

	数量（个）	占比
在线存储	107	72.79%
近线存储	5	3.4%
离线存储	91	61.9%

表 2-19　电子档案存储载体统计表

	数量（个）	占比
硬盘	85	57.82%
光盘	79	53.74%
服务器	92	62.59%
磁带	7	4.76%
其他	5	3.4%

2.2.3.4 电子档案管理系统情况

除了前文所提到的生成电子文件的业务系统，在电子文件的全生命周期中，与之相关的另外一个重要系统环境便是电子档案管理系统。

结合实际情况，在对电子档案管理系统的集成情况进行了解后发现，当前已有的多数电子档案管理系统主要集成于企业的业务系统如办公自动化（OA）系统、项目管理系统等中，约 1/3 的企业表明其电子档案管理系统是独立于其他系统的。由此可以推断，集成于其他系统中的电子档案管理系统虽对电子档案进行了一定的管理，但可能并未对其进行更加有针对性的开发和设计，功能并不健全，难以发挥电子档案的真正价值。

表 2-20　电子档案管理系统集成情况统计表

	数量（个）	占比
独立	46	31.29%

续表

	数量（个）	占比
集成	101	68.71%
总计	147	100.00%

在已生成电子文件的147家企业或项目中，约65%的企业表明其电子档案管理系统具备与前端业务系统的接口程序并可实现在线归档与利用。接口程序作为前端业务系统与电子档案管理系统之间的重要桥梁，拥有接口程序的电子档案管理系统可以有效地与前端业务系统进行整合和衔接，在系统内即可完成不同系统间电子文件的收集、移交、管理、归档等环节。在对不同系统及平台生成的电子文件进行管理时必然存在诸多问题，但是这也在一定程度上证明了单轨制实施以及多平台一体化管理的可行性。如在2020年12月通过试点验收的南航集团数字档案室除了可以实现对核心档案资源的可追溯及全受控管理外，还搭建了集成安全认证、大文件传输功能的可配置系统接口，充分满足了企业各前端业务系统的归档对接需求。

表 2-21　电子档案管理系统接口程序实现情况统计表

	数量（个）	占比
是	96	65.31%
否	51	34.69%
总计	147	100.00%

对档案管理的重点之一便是保证档案的真实性、完整性、可用性和安全性。而目前也已发布了相关标准如DA/T70-2018《文书类电子档案检测一般要求》来为电子四性检测提供一定指导。调查数据显示，超过2/3的企业表明其电子档案管理系统具备对归档的电子档案进行四性检测的功能。保证电子文件的四性是对电子文件进行后续管理的基础和保障，也是不可或缺的重要环节。目前，各电子文件单轨制试点也做出了各种尝试，如北京保障房中心数字档案室在建设过程中将电子文件的四性检测前置于各类电子文件的归档环节来保证归档电子文件的质量。

表 2-22　电子档案管理系统四性保障情况统计表

	数量（个）	占比
是	106	72.11%
否	41	27.89%
总计	147	100.00%

问卷主要参照《电子文件管理系统通用功能要求》（GB/T29194–2012）来进行设计，旨在了解当前使用档案管理系统的功能设置情况以及每一功能所包含的具体内容。依据该标准并结合实际情况，主要将档案管理系统的功能分为文件配置管理功能、文件管理业务功能、统计功能、安全管理功能、系统管理功能、辅助功能以及密级文件管理功能。

从统计结果可以看出，当前使用的大多数档案管理系统已经基本实现上述功能，但在辅助功能以及密级文件管理功能方面有所欠缺。文件配置管理功能主要提供管理档案及电子文件所需的文件分类方案、保管期限表与处置表等。数据表明，只有少数系统具有提供元数据方案的功能，而元数据作为描述数据的数据，提供其相关说明及方案对于电子文件的管理至关重要。文件管理业务功能主要将其重心放在检索利用、分类组织、统计管理、存储保管等，可以满足对电子文件的基本管理，但在鉴定处置功能方面有所不足。由于电子文件的特殊性，其鉴定处置难以有效实施，但应该根据不同领域、不同种类的电子文件有针对性地鉴定和处置，以便对其进行管理和利用，这也是当前在电子文件管理领域中亟须解决的问题。在统计管理方面，当前的档案管理系统可以准确地对电子文件的利用以及销毁情况、人员情况等进行详细记录，但是在统计电子文件的接收量、数字转化率等方面依然存在严重不足，因此应该在后续系统的更新或升级中进行一定的完善和补充来满足实际工作的需要。

在单轨制的推行中，最大的障碍也最令人关心的问题便是如何保证电子文件和电子档案的安全性。现有的对电子文件安全性的保障主要是通过身份认证、权限管理、审计跟踪、电子签名、数字摘要、防火墙、入侵检测等技术来进行，现有数据显示，身份认证、权限管理、防火墙、日志监控等技术已经比较成熟，但在诸如审计跟踪、电子签名、数字摘要等方面发展比较薄弱，仍需要进行一定的探讨和推进。整体而言，系统管理功能和辅助功能比较完备，可以有效地进行系统用户和资源的管理以及操作权限的分配，并在此基础上可以在系统内进行打印、多格式浏览、图像操作等处理。而在密级文件管理功能方面，目前大多数系统可在对档案进行归档时实现密级划分功能，在其保管期限内，无法根据实际情况进行升级或降级处理，也无法在保管期限满后进行相应的解密操作。在对以上数据进行分析的基础上，本书认为，在实际工作中，有必要根据现实的需要对档案管理系统的功能进行设计和开发，而不是一味地追求功能的完整性而设置许多不必要的功能，或为节省资金而减少很多必要的功能设置。

表 2–23　电子档案管理系统功能情况统计表

功能	占比			占比
文件配置管理功能	文件分类方案	97.30%	元数据方案	40.54%
	保管期限与处置表	86.49%	其他	6.76%
文件管理业务功能	捕获登记	40.95%	鉴定处置	38.10%
	存储保管	79.05%	移交输出	41.90%
	分类组织	75.24%	统计管理	75.24%
	检索利用	88.57%	其他	1.90%
统计管理功能	电子文件利用情况	96.19%	设备情况	30.48%
	销毁情况	42.86%	其他	7.62%%
	人员情况	42.86%		
安全管理功能	身份认证	77.46%	防火墙	60.56%
	权限管理	94.37%	入侵检测	39.44%
	审计跟踪	28.17%	日志监控	45.07%
	电子签名	23.94%	其他	4.23%
	数字摘要	23.94%		
系统管理功能	系统用户与资源的管理	80.88%	操作权限的分配	88.24%
	系统功能的配置	79.41%	其他	4.41%
辅助功能	图像处理	56.41%	用户反馈	46.15%
	传真	17.95%	在线帮助	48.72%
	多格式浏览	61.54%	其他	2.56%
	打印	84.62%		
密级文件管理功能	密级划分	97.30%	降级	37.84%
	升级	37.84%	其他	5.41%

从统计结果看，约 24.5% 企业根据自身电子文件及电子档案管理的需求而自行进行开发设计，从而可以更具有针对性地进行管理，也便于在之后的应用中及时地进行修改和调整。除了自行设计相关系统和软件外，大部分企业选择与第三方软件公司进行合作，且主要集中于清华紫光股份有限公司、东软集团、成都贝斯特数码科技有限责任公司、北京航星科技有限公司、金航数码科技有限责任公司、北京量子伟业时代信息技术有限公司、金虎集团等。与第三方软件公司合作可以帮助企业极大地提高工作效率，但是其可能存在系统功能不齐全、使用前期

培训不到位、后期运维不及时等问题。

表 2-24　电子档案管理系统开发情况统计表

	数量（个）	占比
自行	36	24.49%
第三方软件公司	111	75.51%
总计	147	100.00%

虽然超过 75% 的企业表明其生成或存储于电子管理系统中的档案都可以正常使用，但仍有部分企业表明其现有电子档案存在其无法使用的情况，主要包括由于系统运行较慢、网络不稳定、文件损坏、检索错误等系统或人为因素造成的找不到、打不开、乱码等诸多情况。这也一定程度上反映出当前企业针对电子档案的检测维护机制存在一定的不足，影响了电子档案的可用性。

表 2-25　电子档案管理系统文件使用情况统计表

<table>
<tr><td>是</td><td>115</td><td>78%</td><td colspan="2"></td></tr>
<tr><td rowspan="4">否</td><td rowspan="4">32</td><td rowspan="4">22%</td><td>找不到</td><td>19%</td></tr>
<tr><td>打不开</td><td>55%</td></tr>
<tr><td>乱码</td><td>21%</td></tr>
<tr><td>其他</td><td>5%</td></tr>
</table>

保证电子档案安全性的另一重要措施是对其进行一定的备份，常见的方式主要包括异地备份、异质备份和异地异质备份。调查显示，目前的备份方式以异地异质备份为主，而有小部分企业仅进行异地备份，甚至有部分企业不进行备份，这在一定程度上加大了电子档案管理的风险，在诸多内部因素和外界环境的影响下，不进行备份或简单备份不利于对重要档案进行管理及利用，也难以保证重要档案价值得以有效地发挥。

表 2-26　电子档案管理系统备份情况统计表

	数量（个）	占比
异地备份	31	21.09%
异质备份	54	36.73%
异地异质备份	59	40.14%
其他	3	2.04%
总计	147	100.00%

2.2.3.5 体系建设情况

除了与电子文件 / 电子档案相关的各种业务系统外，与电子文件相关的体系建设作为无形的保障工具，也为电子文件单轨制的推行提供了一定的支撑。

电子文件管理规范和制度可以在一定程度上保证其相关管理活动的正常实施，按照统一的标准进行管理，可以有效地提高工作效率。调查数据显示，由于调查企业的特殊性，部分企业具有专门的图纸如施工图、竣工图等相关的管理规范，且目前超过 70% 的企业已有比较完善的文件管理制度，但是在人员管理制度及技术工作规范方面仍存在不足，甚至存在部分企业没有明确的电子文件管理规范，存在较大缺失，容易造成电子文件单轨制管理无据可依。

表 2-27　电子文件相关管理规范制度统计表

选项	数量（个）	占比
人员管理制度	54	36.73%
文件管理制度	103	70.07%
技术和工作规范	65	44.22%
其他规定	10	6.80%
暂无规定	25	17.01%

此外，超过 80% 的企业不具有独立的档案部门，档案部门归属于企业内部的其他相关部门如综合管理办公室、行政部或工程部，少数企业将其依附于技术部、经理部或信息部，而不单独设置从事电子文件或档案管理的部门。

表 2-28　档案部门设置情况统计表

	数量（个）	占比
是	27	18.37%
否	120	81.63%
总计	147	100.00%

表 2-29　档案部门归属情况统计表

部门设置	数量（个）	占比
综合办公室	101	84.17%
信息中心	1	0.83%
行政部	5	4.17%
工程项目部	5	4.17%
经理部	1	0.83%
技术部	4	3.33%

续表

部门设置	数量（个）	占比
其他	3	2.50%
总计	120	100.00%

除了了解档案部门在企业中的设置情况外，现有的调查数据显示，企业中专门从事档案管理工作的相关人员不超过 6 人，集中于存在 1 人或 2 人的情况，甚至有约 13% 的企业没有专人进行档案管理工作，而是其他岗位的工作人员兼职进行管理。由此推断，当前大量企业存在对档案工作重视程度不够的情况，难以发挥出档案所具有的多种经济价值和社会价值，对档案资源无法进行系统化和有效的管理，导致资源的浪费。

表 2-30　档案部门人员设置情况统计表

专职人员数量（人）	数量（个）	占比
0	20	13.61%
1	66	44.90%
2	32	21.77%
3	14	9.52%
4	5	3.40%
5	6	4.08%
6	4	2.72%
总计	147	100.00%

除了相关人员安排不足外，超过 50% 的企业未针对实际工作中出现的电子文件管理问题进行相应的调查研究，这表明企业对电子文件的管理方式基本沿用企业最初对纸质档案的管理方式或参照其他类似行业的管理方式来进行管理，没有以企业自身管理需求为导向进行相应的调整和升级，这就容易导致在管理过程中出现的一些问题一直无法得到有效的解决，从而降低电子文件管理工作的效率，也无法对电子文件进行全面有效地管理。

表 2-31　电子文件管理问题调研情况统计表

	数量	占比
是	64	43.54%
否	83	56.46%
总计	147	100.00%

除了管理规范和制度、人员等，资金也是电子文件管理过程中重要的保障条件之一。现有的调查数据中，对电子文件管理问题进行过资金投入的企业明显多于未进行过资金投入的企业，且在进行过资金投入的企业中，资金主要侧重于设备和系统方面，而在人员以及相关问题的调研方面存在严重不足，这也与前文中所得到的调查结果相吻合。且调查结果显示，除了调研、设备、系统及人员等方面，也有企业主要将资金投入档案的数字化、异地异质备份、项目外包等多个不同的方面。

表 2-32　档案部门资金投入统计表

	数量（个）	占比
是	82	55.78%
否	65	44.22%
总计	147	100.00%

表 2-33　档案部门资金投入侧重统计表

资金侧重	数量（个）	占比
调研	12	14.63%
设备	46	56.10%
系统	66	80.49%
人员	15	18.29%
其他	5	6.10%

2.2.3.6 开放性问题情况

虽然在本次问卷分析前对大量无效问卷进行了剔除，但是在对开放性问题回答情况进行整合时，无效问卷中的相关回答仍考虑在内，以保证填卷人对开放性问题反馈的完整性。

对收集的全部 256 份数据的开放性问题回答进行整合并进行筛选，将其中包含“无、没有、不清楚、不知道、跳过”等的回答进行剔除，有关“电子文件单轨制可行性看法”得到 168 条有效回答，有关“电子文件单轨制实施障碍”一题得到 181 份有效回答。

（1）电子文件单轨制实施的可行性

由于本次的填卷人均为目前在企业或项目中从事电子文件管理相关工作的人

员，其均有着丰富的工作经验并对本单位电子文件管理情况了解清楚，因此本次收集的问题反馈具有一定的代表性，一定程度上能够反映出当前企业工程项目中电子文件或电子档案管理的真实情况。

部分支持企业实施工程项目电子文件单轨制的人认为，单轨制的推行已具备一定的实施条件，如相应的管理系统以及配套设施等，其推行可以节约大量资源，更加有利于为工程项目服务并提高工作效率。

还有部分人员表示其暂不支持推行电子文件单轨制，他们认为传统的双轨制管理持续时间较长，从事电子文件管理工作的人员已经习惯于双套制的管理模式，单轨制的推行一定程度上将改变管理人员的工作模式。单轨制的推行不仅仅是管理模式和运行方式的改变，更重要的是管理人员从根本观念上改变以往对双轨制的依赖，而这需要较长时间来进行过渡。此外，由于电子文件的特殊性，如何保障其安全性成为单轨制推行的重要难点。而现有的如电子签名、数字摘要、可信时间戳等安全保障技术在电子文件的管理过程中使用并不成熟，未有效达到保障电子文件安全性的目的，仍然存在大量的安全隐患。尤其是对一些密级较高的文件，无法保证其安全性。

（2）电子文件单轨制实施障碍

在对电子文件单轨制实施可行性的争论中，无论是持支持意见还是持反对意见，均在电子文件单轨制实施面临诸多障碍这一观点上达成一致。在实际试行中，其实施存在诸多阻碍和影响因素，主要集中在以下几个方面。

系统建设问题。首先，参与问卷调查的各企业业务系统的设计普遍缺乏整体规划，各类业务系统与档案管理系统无法顺利衔接，缺乏接口设计规范。其次，一些企业现有系统的成熟稳定性、安全可靠性、可操作性无法满足单轨制的需求。

制度体系建设问题。电子文件单轨制的实施需要国家标准的推进和公司层级管理制度的配合。近年来，国家档案局开始制定关于单轨制管理的相应制度，但从问卷调查的结果来看，各项制度还没有完全落实到各企业。目前企业中采用的管理制度大都是年限较久的制度或者是自己单位编制的档案管理制度，这些管理制度更加侧重于对档案本身的管理，不能很好地满足电子文件单轨制管理的需要。

四性保障问题。四性保障问题贯穿于电子文件管理的全过程，保障电子文件的四性是单轨制管理必须要解决的问题和最终的目标。为了保障四性，比较突出的就是电子签名问题，如何保证并维护电子签名的合法性、有效性、安全性是大多数企业面临的障碍。

人员队伍问题。从问卷统计结果来看，当前企业的档案部门设置层级较低且人员设置较为不足，目前的专职档案管理人员也往往缺乏专业的档案管理知识，没有经过系统的学习，企业也无法及时有效地提供相应的培训，往往在实践中摸索并进行经验总结。单轨制实施条件下，兼职管理人员或非专业档案人员在系统的复杂操作中容易存在一定的困难。

资金问题。在实际的档案管理工作中，企业往往存在对档案部门投入资金较少或资金分配不均的情况，而投入的资金也往往侧重于系统及相应配套设备的开发及维护。为了保证档案管理工作的顺利进行，有必要定期对档案管理工作的问题及需求进行一定的调研，也有必要对档案人员进行一定的培训，而这些均需要大量的资金投入。

观念转变问题。现有的档案管理工作中，一方面由于企业领导的重视程度不够，导致档案管理工作资金投入少，管理效率不高；另一方面由于员工传统观念以及双轨制管理模式下已经形成一种比较成熟的管理模式而不愿意改变。

通过对回收的问卷进行分析，可以较为清楚地了解当前工程项目电子文件单轨制的实施情况及其遇到的问题，这也为优化推进流程、顺利实现数字转型提供了一定的参考依据。

2.2.4 问卷总结

本部分主要基于大量的问卷数据进行展开和分析，从多角度、多方面考察当前企业工程项目电子文件单轨制的实施状况和障碍问题，同时也通过问卷的方式搜集到很多一线员工结合实际情况而提出的看法和建议。本问卷的调研范围较广，所反映的情况具有一定的普遍性。从回收的数据可以看出，当前建设工程项目电子文件单轨制推行的整体情况并不乐观，所暴露的问题也多种多样，涵盖了制度建设、系统应用、部门设置、人员配置以及资金投入等多个方面，电子文件单轨制管理目标存在较大差距。问卷数据所反映出来的问题为后续的案例研究起到一定的支撑作用并提供一些新的研究思路，同时为优化电子文件单轨制流程、解决实际推行障碍难题以及推动企业整体的数字转型提供一定的参考依据。

当然，问卷调查不可避免地也存在一定的局限性，本书所使用的问卷发放时间为 2021 年 1—3 月，回收的数据仅能反映当时工程项目电子文件单轨制的实施情况，而当前信息技术发展较快，试点范围也不断扩大并总结了诸多经验，因此，调查的问题难以面面俱到，同时由于问卷调查方法自身的缺陷，获得的数据难以深入。在问卷数据反映出的当前工程项目电子文件单轨制诸多问题的基础上，本书将选取两个已经通过国家档案局验收的电子文件单轨制试点单位进行典型案例分析，以期对问卷所反映出的问题进行更加深入的补充研究。

第三章　典型案例研究

3.1 案例 1：A 企业风电项目电子文件归档和电子档案管理试点项目

3.1.1 项目概况

2019 年 4 月，国家档案局办公室印发了《国家档案局办公室关于组织开展建设项目电子文件归档和电子档案管理试点工作的通知》(档办函〔2019〕90 号)，要求从不同行业、不同管理类型选取试点项目，形成可推广的建设项目电子文件归档和电子档案管理方案及经验。在此背景下，A 企业结合风电项目自身存在的质量验收标准滞后、参建单位专业水平参差不齐、施工文件编制质量较低、数据重复量大而审批效率低、文件编制与工程进度不同步等诸多问题，展开电子文件单轨制试点，以期改变以往工作效率低下的局面。该企业已经开始使用 PMS、EAM、ERP 等信息化系统进行生产经营管理，且具备专门的数字档案馆系统对企业生成的各种档案数据进行统一管理。该企业下辖多个不同量级及工期的风电项目（陆上风电项目),此次选择的是分散式 20MW 风电项目作为首个试点实施项目。A 企业试点项目的目标主要以保障电子文件的真实性、完整性、可用性和安全性为基础和前提，以无纸化的电子文件单轨制为目标，深度挖掘档案的价值，提高电子档案的利用效率，并以此为基础打造适用于不同工程特点的风电项目一体化平台系统，以电子文件为抓手，实现项目文件和管理活动的全流程管理。

在项目实施前，项目组组织各相关部门对风电的开发、建设、运营的全流程进行调研和梳理，进而构建项目进度流程图，在厘清流程节点的基础上，梳理各流程涉及的电子表单、负责人、流转程序等，为实现进度流程可视化及约束工程进度和质量做了充足准备。

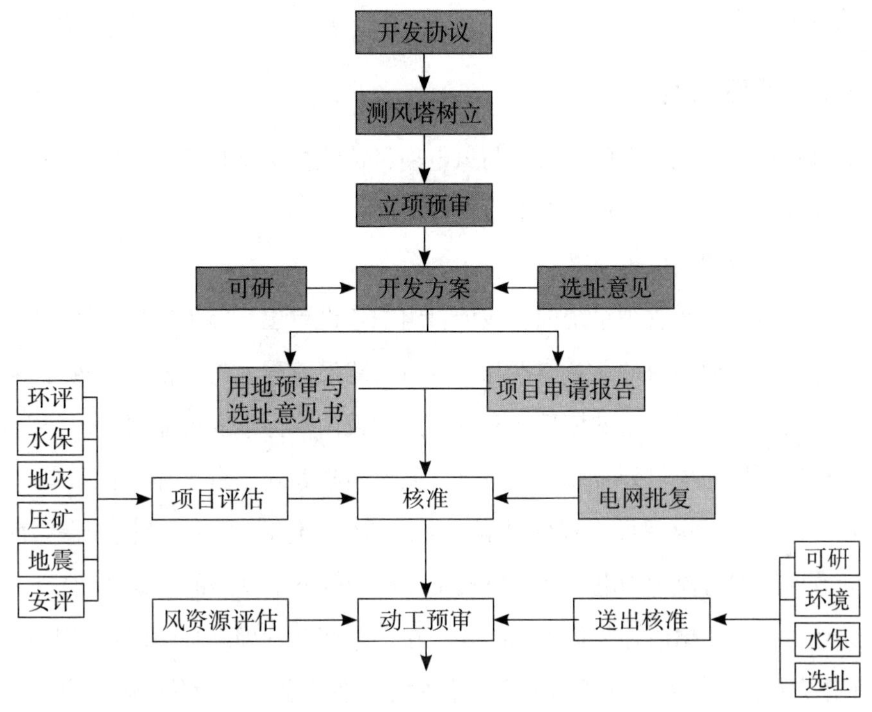

图 3-1　A 企业风电项目进度流程图

项目实施过程中，项目组将业务系统前移并集成电子表单、office 等工具，结合业务流程，确保表单可以直接在线生成、审核并完成自动归档，弱化人工参与及以往审核周期较长的弊端，同时还引入了电子档案管理系统并进行系统表单测试。电子档案管理系统将电子表单划分为“流转中、结束、作废、草稿、档案整编、提交文件总数”等不同的流转阶段来控制表单的线上流转进程，实现了电子表单的全部在线流转及全生命周期管理。此外，在引入电子档案管理系统的同时，该项目还全程使用电子签章来改善传统线下签名效率低下的问题。截至调研期，该项目电子签章共注册用户 37 个并已发放 8 个，且已完成 3504 次电子签单，极大地节约了时间，提高了工作效率。

同时根据项目落地实施情况，项目组组织相关单位专兼职档案人员及信息人员等进行一定的培训并对电子档案管理系统进行多场景功能测试，结合不同区域风电建设项目的典型案例和用户使用习惯，对系统进行测试并根据建议进行一定的优化，并于 2020 年 11 月通过了国家档案局电子文件归档和电子档案管理试点项目的技术验收。

3.1.2 项目成效

通过对项目实施情况的考察，与风电项目传统档案管理工作相比，该项目取得了较好的成效，具体表现为以下几个方面。

（1）数据清理与梳理

在建设电子档案管理系统前，该项目组织建设单位、监理单位、施工单位等按照风电建设工程项目的业务属性和特点对其建设流程、施工范围、执行标准等相关文件及表单进行一定的梳理，并且依照相关国家标准和行业规范，分别完成了风电建设项目的项目划分、施工记录、质量验收表式、台账等编制工作，且在此过程中完善了风电建设工程项目电子文件的分类体系、归档范围和保管期限，有效的数据清理与梳理为电子文件单轨制的推行打下了良好的数据基础。

此外，根据数据清理与梳理的结果，在电子档案管理系统中内置了表单设计器，工作人员选定工程范围及需求并进行检索，系统会自动为其匹配相应的表单。若检索结果难以满足需求，工作人员可以在线制作符合相关行业标准的电子表单并进行保存。为了减少用户人为操作的失误并保证文件的编制质量，系统会自动匹配标段、单位、人员角色、工程等信息配置及字段之间的关系，实现表单字段信息及默认内容的自动填写。

（2）制度建设

A 企业在风电、水电、火电等诸多电力建设项目方面均有所涉猎，因此企业在建设前期已制定了《电力项目档案管理办法》，该制度对电力建设工程项目电子文件的管理具有一定的参考和借鉴价值，项目建设前期所进行的数据梳理和表单编制等工作也为项目电子文件的管理提供一定的参考依据。在此基础上，A 企业根据风电项目电子文件特点、数据梳理结果以及发布的相关标准和政策制定了《风电项目电子文件归档范围及保管期限表》，明确风电建设工程项目建设过程中生成电子文件的权责归属、归档范围、保管期限等具体信息，使得管理工作有章可循、有据可依。

（3）系统应用

由于A企业在项目开展之前已配备档案管理系统，因此在此次试点过程中，其主要侧重于电子档案管理系统功能的构建和完善。由于该项目建设过程中生成了大量如电子邮件、工程图纸、合同票据、规章制度等非结构化数据，因此该项目在完善电子档案管理系统的过程中，利用分布式存储、分布式检索、分布式并行处理、缓存和大数据技术等搭建了非结构化数据支撑平台，以此来满足非结构化数据全生命周期的管理及利用需求。

同时，为了改善传统项目建设中前端各业务系统与电子档案管理系统相互独立的局面，该项目通过风电建设项目业务系统与电子档案管理系统的接口搭建，将待归档电子文件、版式文件、元数据、附件等信息打包传输至电子档案管理系统在线接收平台，实现了大部分项目电子文件的在线归档和验收。接口搭建的同时结合实际情况对项目文件设置审批流程，并对审批节点及填报权限进行控制，系统的流程设置、文件归档范围、标准表式等均参照国家及行业的相关标准规范进行编制，而用户或工作人员根据其标段施工范围，在系统中选取相应的工程即可生成相关施工记录、验收记录、检测计划等，在此基础上指引相关资料的报送，以线上指导线下，保证流程的规范化。同时，所有审批完成的电子文件通过全宗号、项目号等参数进行对照并进行自动归档，与其相关的元数据也一并归档，极大地保证了归档电子文件的完整性。归档完成的电子文件（即电子档案）还会经过专家核验、在线调卷、问题反馈、整改闭环、确认验收等流程进行在线验收，形成项目文件的闭环，保证电子文件的质量。此外，电子档案管理系统在线接收平台会执行电子文件的四性检测服务并形成检测报告，若检测失败，系统则会向工作人员发送四性检测失败关键项及其原因。同时为了解决电子数据易伪造、易篡改、难溯源、难校验的问题，该项目在推进过程中基于多维加密和权限控制技术，搭建了区块链平台，从电子表单的创建到归档的所有环节的元数据全部上链，以此来保证数据的真实性和安全性。

表 3-1 A 企业电子文件四性检测方案

<table>
<tr><th></th><th>检测项目</th><th>编号</th><th>检查内容</th><th>检测对象</th><th>检测依据</th></tr>
<tr><td rowspan="6">真实性</td><td>电子文件来源真实性</td><td>GD-1-1</td><td>固化信息有效性检测</td><td>1. 电子文件的数字摘要
2. 电子文件的时间戳
3. 电子签名
4. 电子印章</td><td>基于电子文件正文的二进制流进行加密验证</td></tr>
<tr><td rowspan="5">电子文件元数据准确性</td><td>GD-1-2</td><td>元数据项数据长度检测</td><td>1. 电子文件元数据项的长度在定义范围内
2. 归档信息包元数据项长度在定义范围内</td><td>元数据描述中定义的“长度”属性</td></tr>
<tr><td>GD-1-3</td><td>元数据项数据类型、格式检测</td><td>1. 电子文件元数据项数据类型和格式在定义范围内
2. 归档信息包元数据项数据类型和格式在定义范围内</td><td>1. 元数据描述中定义的“数据类型”属性
2. 格式默认检测要求：
时间型：YYYY-MM-DD HH:MM:SS
日期型：YYYYMMDD
数值型：数字类型，可以是整数、小数
字符型：不做格式校验</td></tr>
<tr><td>GD-1-4</td><td>设定值域的元数据项值域符合度检测</td><td>1. 电子文件元数据项值域在定义范围内
2. 归档信息包元数据项值域在定义范围内</td><td>元数据描述中定义的“值域”属性</td></tr>
<tr><td>GD-1-5</td><td>元数据项数据合理性检测</td><td>元数据项数据合理性检测
1. 电子文件元数据项数据值是否在合理范围
2. 归档信息包元数据项数据值是否在合理范围</td><td>默认检测要求：
1. 电子文件大小不为 0
2. 归档信息包大小不为 0</td></tr>
<tr><td>GD-1-6</td><td>元数据项数据包含特殊字符检测</td><td>1. 电子文件元数据项数据值是否包含特殊字符
2. 归档信息包元数据项数据值是否包含特殊字符</td><td>默认检测要求：
1. 电子文件元数据项数据值不允许包含“****”等特殊字符
2. 归档信息包元数据项数据值不允许包含“****”等特殊字符</td></tr>
</table>

续表

	检测项目	编号	检查内容	检测对象	检测依据
真实性		GD-1-8	元数据项数据重复性检测	归档信息包“业务主键”元数据项的值校验是	归档信息包中的“业务主键”元数据
	电子文件内容真实性	GD-1-10	内容数据的电子属性一致性检测	读取电子文件内容数据的电子属性，比对电子属性信息中记录的数据是否一致	1. 元数据项“计算机文件名” 2. 元数据项“文件大小” 3. 元数据项“文件格式” 4. 元数据项“创建时间”
	元数据与内容的关联一致性	GD-1-11	元数据是否关联内容数据检测	读取电子文件存储路径与电子文件实际存放位置是否一致	元数据项“当前位置”
	归档信息包真实性	GD-1-12	说明文件和目录文件规范性检测	归档信息包说明文件和目录文件的匹配性检测	说明文件（.xsd) 目录文件（.eep)
		GD-1-13	信息包目录结构规范性检测	电子文件目录结构与归档信息包中的文件目录结构的匹配性检测	电子文件目录结构； 归档信息包目录结构
		GD-1-14	归档信息包一致性检测	比对业务系统传输的归档信息包的数字摘要和在线接收存储的归档信息包重新计算的数字摘要是否一致	归档信息包数字摘要
完整性		GD-2-2	总字节数相符性检测	归档电子文件总字节数和实际接收字节数相符	元数据项“总字节数”
	电子文件元数据完整性	GD-2-3	元数据项完整性检测	每份电子文件元数据项是否完整	所有电子文件元数据项
		GD-2-4	元数据必填著录项检测	每份电子文件元数据项必填项是否填写	所有电子文件必填元数据项
		GD-2-5	过程信息完整性检测		
		GD-2-6	连续性元数据项检测	每份电子文件具有编号性质的元数据项是否连续	元数据项“文档序号”
	电子文件内容完整性	GD-2-7	内容数据完整性检测	人工检测	

续表

<table>
<tr><th></th><th>检测项目</th><th>编号</th><th>检查内容</th><th>检测对象</th><th>检测依据</th></tr>
<tr><td rowspan="7">可用性</td><td rowspan="2"></td><td>GD–2–8</td><td>附件数据完整性检测</td><td>人工检测</td><td></td></tr>
<tr><td>GD–2–11</td><td>信息包内容数据完整性检测</td><td>归档电子文件总数量和实际接收数量是否相符</td><td>元数据项“件数”</td></tr>
<tr><td rowspan="2">电子文件元数据可用性</td><td>GD–3–1</td><td>信息包中元数据可读性检测</td><td>归档信息包 XML（.eep）文件是否可以正常解析</td><td>程序自动解析 XML 看是否报错</td></tr>
<tr><td>GD–3–2</td><td>目标数据库中的元数据可访问性检测</td><td>归档接口能正常连接数据库</td><td></td></tr>
<tr><td>电子文件内容可用性</td><td>GD–3–3</td><td>内容数据格式检测</td><td>检测版式文件格式是否为 PDF</td><td>1. 版式文件元数据项“版式文件格式”</td></tr>
<tr><td>电子文件软（硬）件环境</td><td>GD–3–6</td><td>软硬件环境合规性检测</td><td>电子文件环境信息与业务系统提供信息相符</td><td>1. 元数据项“格式信息”
2. 元数据项“计算机文件名”
3. 元数据项“计算机文件大小”
4. 元数据项“文档创建程序”
5. 元数据项“信息系统描述”</td></tr>
<tr><td>归档信息包的可用性</td><td>GD–3–8</td><td>信息包中包含的内容数据格式合规性检测</td><td></td><td>压缩算法
加密</td></tr>
<tr><td rowspan="3">安全性</td><td rowspan="2">归档信息包病毒检测方案</td><td>GD–4–1</td><td>系统环境是否安装杀毒软件</td><td>检测在线接收系统所运行的介质环境是否安装杀毒软件</td><td></td></tr>
<tr><td>GD–4–2</td><td>病毒感染检测</td><td>检测归档信息包有无感染病毒</td><td></td></tr>
<tr><td>归档载体安全性检测</td><td>GD–4–3</td><td>载体中多余文件检测</td><td>参考 GD–1–13 检测项目</td><td></td></tr>
</table>

除了不断完善系统外，该风电建设工程项目在推行电子文件单轨制的过程中还开发了相应的微信公众号及 APP，无论是内部员工还是外部用户，均可通过移

动端实现表单的制作、填报、审批、流转等，且流转及审批结果通过微信通知用户，极大地节省了运转时间，也更加适用于工程项目的工作特点。

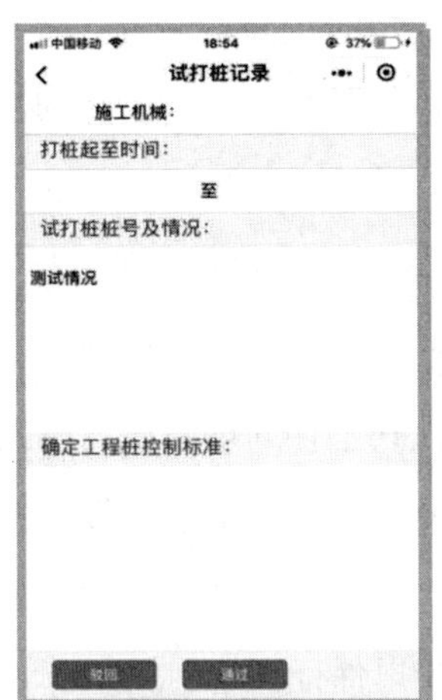

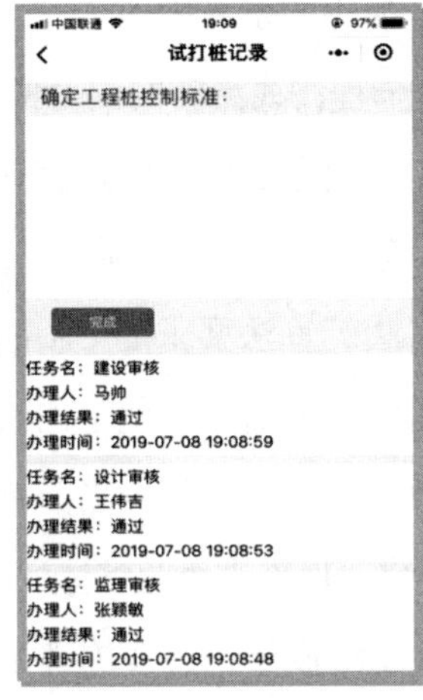

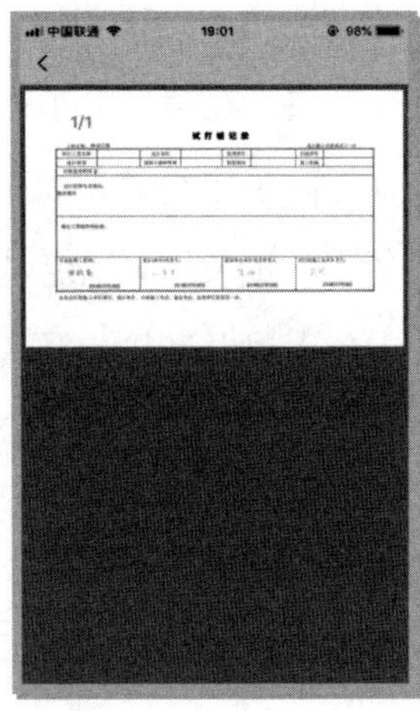

图 3-2　A 企业移动端电子表单审核图

（4）组织建设

该项目立项初期便成立了大区工作组并以副总裁为组长，工作组成员主要由档案部门、信息部门、土建专业、电气专业、风机专业、开发人员以及运营人员等组成，并细化为领导小组、工作小组、业务功能组、实施组、关键用户组等，各小组权责明晰，分工明确。如领导小组主要负责对项目提出方向性指导意见，进行项目的重大事项决策和汇报，并对项目的整体进度和质量进行监督；工作小组则由甲乙双方的项目经理组成，主要负责组织项目需求收集、设计、研发、测试、培训、实施、上线等具体工作并负责向领导小组进行工作汇报。同时针对建设工程项目电子文件单轨制的实施，该项目共获批预算 600 余万元，充足的资金及人员均为该项目的顺利实施提供了保障。

3.1.3 问题总结

该项目已通过国家档案局技术验收且在企业承担的风电工程建设项目中逐步推进，基本达到了预期的研究目标。在取得一定创新且成效显著的同时，由于缺乏成功的参照依据及制度体系不完善，仍存留一些待探讨的问题：

（1）电子文件保管期限与签章服务商生存周期的矛盾影响电子文件法律

效力。

前文问卷数据反映，当前建设工程项目在推进电子文件单轨制的过程中电子签章的做法还不是很普遍，所构建的系统中电子签章的功能也尚不完备。而本试点发展较快，在满足电子表单全程在线流转的同时使用电子签章并进行在线归档，极大地提高了审批效率。但在使用电子签章的过程中，由于《中华人民共和国电子签名法》并未明文规定电子签章 CA 证书必须由工信部认证的 CA 厂家颁发，具备《中华人民共和国电子签名法》算法要求的 CA 证书是否可以直接使用还有待考证。同时签章服务商生存周期存在诸多不确定因素，其生存周期结束后则其提供的电子签章是否仍然有效暂无定论。此外，当前企业内部还没有电子签章使用的大环境，仅以部分试点或系统项目推进企业整体的电子签章使用变革较为困难。

（2）用户及各参建单位接受程度不一，实施效果难以保证。

传统管理环境下，对传统纸质文件及档案的依赖使得用户难以直接转变其工作习惯，且难以快速认可电子文件代替纸质档案的法规凭证作用，仍习惯于将系统的文件打印后进行签字盖章并归档而非在系统中进行在线流转，这就容易造成数字资源增量不足及系统的价值难以发挥，其本质上只是将相关流程数字化而非实现数字转型，难以跳脱出纸质档案的束缚。

同时，电子文件单轨制的推行也会引起对各参建单位管控方式的变革，各参建单位必须改变以往的工作方式来配合单轨制的推行。但参建单位人员素质参差不齐以及工作习惯的限制和接受程度也在一定程度上影响了单轨制推行效果。此外，在实际推行过程中发现，部分参建单位现场施工人员与资质报审人员不一致的现象进一步显现，为系统用户配置带来一定困难。

（3）工程项目中涉及的文件种类繁多，数据清理工作难度较大且很难以电子表单一种方式实现全部覆盖。

对风电工程建设项目过程中形成、流转的电子表单进行彻底地梳理是整个项目中非常重要的一项基础工作。该工作投入了 4 个专职人员历时 6 个月完成，成本约 48 万元，最终梳理出 1600 多份电子表单。这些电子表单的确可以将工程项目中绝大多数建设活动串联起来，通过对电子表单数据流的管控驱动业务活动的顺利推进。但同时也发现，工程建设项目中还存在着很多非表单类的电子文件数据（注：属于归档范围），这类文件中部分可以作为表单文件的附件加以流转和管理，但仍有部分文件因为各种原因游离在表单处理流程之外，如工程建设中使用的检验委托单，需要质检单位签字，如果走线上流程流转，需要让相关单位参与使用系统平台，管理上存在一定的困难。那么如何对此类电子文件进行清理和规范从而纳入电子文件单轨制数据流是值得进一步探讨的问题。

3.2 案例 2：B 项目电子文件归档与电子档案协同管理试点项目

3.2.1 项目概况

随着国家信息化战略的深入推进，“中国制造 2025”“互联网 +”行动等发展加速，各行各业数字转型的步伐也逐渐加快。B 项目是粤港澳大湾区核心交通枢纽工程、《珠三角规划纲要》重大交通基础设施建设项目、国家“十三五”重大工程，也是国家档案局确定的首批建设项目电子文件归档和电子档案管理试点项目之一。

该项目以全方位全过程推行项目智能建造为契机，以实现工程档案质量与智慧建造相匹配、保证档案工作与工程建设推进真正同步为目标，利用 BIM、移动互联网、云计算等，实现档案数字化、信息化及档案信息同步应用，推动我国档案管理工作向智能化迈进。

该项目是集桥、岛、隧、水下互通于一体的世界级超大型集群工程，存在项目建设规模宏大、工程技术复杂、建设周期长、参建单位多、标段所在地分散等难题，传统的档案管理模式既难以保证项目档案的完整性和成套性，也无法实时同步收集规范的项目文件，极大限制了档案价值的发挥。智能建造时代，智慧工地的推行和应用不可避免地形成了海量数据，而这些格式复杂、形式多样的海量数据已无法用传统纸质档案记录，亟须用新思想、新手段探索新的档案管理模式。在智慧工地及档案管理需求的双重驱动下，该项目尝试推行电子文件单轨制，真正实现智能建造环境下的档案工作数字转型。

为确保电子文件管理与智能建造业务活动高度契合，在项目建设开始前项目组与各相关部门充分沟通、通力合作，梳理工作计划和流程以及各参建单位的单位、分部分项工程划分、分项工程施工和监理用表清单，明确各关键节点以及智能建造所涉及的各业务系统所产生文件的类型、各表单之间的关联、表单的设计、样板卷以及各类文件材料的收集范围等。同时，成立由不同部门人员组成的档案工作领导小组，明确各标段档案工作人员的责任机制及工作要求，遴选丰富经验的专业技能人才组建管理队伍，通过定期举行档案知识竞赛及业务培训，不断提高档案管理能力。此外，虽实现了智慧工地，但仍不可避免地会产生部分纸质文件，因此在硬件设施上，该项目于 2017 年 3 月完成临时档案库房建设，并以高标准要求各参建单位设置不少于 40 平方米的独立档案库房，并配有电子档案存储备份等设施，确保项目档案的安全稳定。

3.2.2 项目成效

该项目的主要亮点在于其利用项目 BIM 信息化管理平台，创新引入电子签名，实现档案与工程进度、质量、安全、造价、计量支付等前端业务的协同管理。以该大数据平台为依托，探索该交通建设工程项目电子文件和电子档案“单轨制”管理模式。

（1）数据梳理

在项目开始前，依据建设工程项目档案的成套性特点及《公路工程质量检验评定标准》（JTGF80–1–2017），项目组对单位、分部、分项工程等进行划分并梳理数据清单，同时对各不同单位及项目负责的关键节点进行明晰和划分，完善电子档案文件材料的收集及归档范围并规范其排序。有效的数据梳理既使得后期的施工进程及安排更加清晰，也成为施工记录台账和档案分类、排序、整理组卷的重要依据。

（2）制度建设

合理的制度建设可以为工作的顺利推行提供保障，因此，为确保建设工程项目电子文件单轨制的有效实施，该项目构建了与项目相匹配的《深中通道建设项目档案工作规划》和《项目文件形成整理及档案管理办法》等相关制度，以档案质量控制为核心、以电子档案管理为手段，实现了以线上指导线下的管理模式，提前部署电子档案分类方案并实现虚拟预组卷。同时，为统一标准、细化操作，该项目参照相关国家、行业标准并结合项目建设特点编写了《项目文件形成整理及档案管理办法》，明确项目文件归档范围及整理办法。在国家层面制度的基础上结合项目特点及实际需要制定的相关制度适用性更强，为项目的顺利推行提供了一定的保障，使实际管理工作有章可循。此外，项目组还提前制定了相关人员的评价制度和考评方法，以此来对参建单位相关人员进行一定的约束和激励，保证其工作效率的同时避免各参建单位因档案管理水平差异导致档案管理工作进度不一、管理质量参差不齐等问题带来的困扰。

（3）系统应用

该项目的创新点之一是在运行过程中构建了 BIM 协同管理平台，文件数据的生成、采集、归档等全生命周期的全流程均可以在该平台上实现。该平台以 BIM 三维模拟为载体，把项目智能建造、智慧工地和协同管理各模块统一集成，形成三维可视化的工程建设大数据平台。平台将业主方、设计方、施工方、监理方等紧密联系在一起，实现档案与进度、质量、安全、造价等业务高度协同，是交通行业功能领先的工程管理平台。[①] 通过 BIM 平台，该项目将电子签名融入了钢壳制造、混凝土拌合站等大型生产物联设备中，实现了建造过程中关键生产参数的电子签认，确保了电子文件凭证应用的有效性和时效性，为工程质量管理与数据追溯提供了重要保障。

同时，该项目也在系统设计中引入电子签名，为保证电子签名的合法性，该项目组与各参建单位按照某省交通运输厅档案信息中心《关于规范应用“双套制”档案管理模式交通建设项目数字证书申领流程的通知》文件要求提交材料，办理个人数字证书和单位电子公章，并签署数字证书使用责任承诺，由个人签名领取并拍照存档，确保数字证书领用手续的规范及电子签名使用的合法性。在此基础上，针对项目已经在使用的如质量管理系统、文档管理系统、计量管理系统等业务系统引入 CA 认证并进行数字签名流程改造，实现全流程的电子签名。而引入电子

① 李潆．广东高速公路建设项目电子档案管理实践［J］．中国档案，2019（11）：62-63.

签名的各业务系统与电子档案管理系统直接对接，实现在线推送和归档，电子档案管理系统对归档的电子文件进行鉴定后直接在线组卷，避免了大量的人工劳动。

此外，该项目是世界级工程建设项目，体量庞大，在建设过程中生成了大量的施工图和竣工图。在以往的建设工程项目中，与竣工图相关的标准和规范存在一定的缺失导致竣工图相对于施工图而言随意性更强，且施工单位一般在合同段完成 90% 施工以上或完全施工完成后才进入竣工图编制工作准备阶段，且在施工过程中大多未及时收集管理变更文件、未登记变更对照一览表以及变更台账不完整等，导致竣工时竣工图版本不一致或不完整，增加后期竣工图审核返工修改量的同时其编制进度和编制质量也难以满足建设单位的要求。而电子签名的引入规范了竣工图编制流程，施工单位在系统中进行变更登记并上传至竣工图管理系统，各参建单位借助系统在竣工图中作可视电子签名，保障数据完整性的同时将责任落实到个人，并使得其编制过程更为可控、可追溯且合法合规。

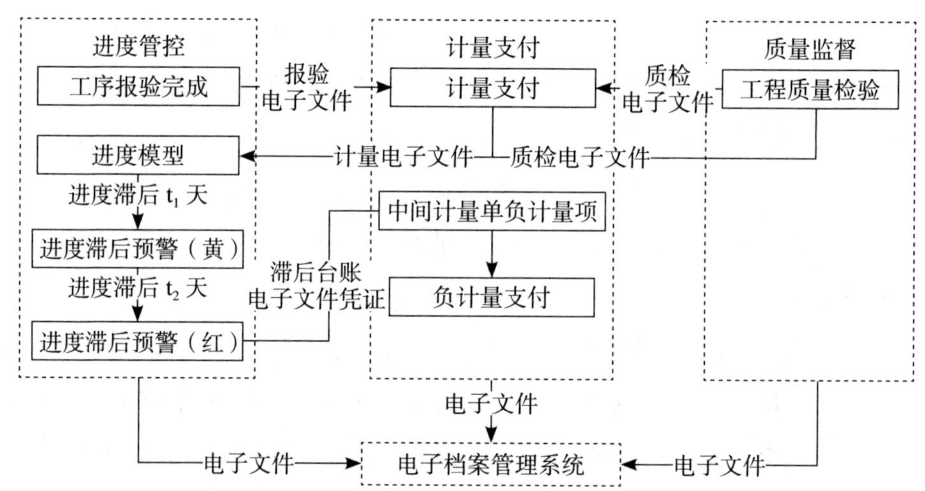

图 3-3 电子档案驱动的“档案管理—管控—质量监督—计量支付”协同管理图[①]

除了系统平台的设计和构建外，该项目在实施过程中还开发了移动端，工作人员可以通过手机端实时上传班组信息、影像记录和施工原始记录，实时反馈工

① 燕鹏，舒忠梅．基于 BIM 技术的大型建设项目电子档案协同管理［J］．北京档案，2021（07）:31–33.

程施工进度，保证档案管理与工程施工进度的协调一致。依托于该平台，其档案管理模式创新的同时实现了分层次、多渠道的档案信息资源实时共享和利用，极大地发挥电子档案资源对企业及项目的驱动作用。

（4）组织建设

该项目在推进初期便认识到，电子文件单轨制的实施极大地改变了传统档案的管理模式，容易导致许多工作人员的不适应和部门间的不配合，同时原有的软件和硬件也不能满足其需求，因此既需要上级领导的支持，也需要充足的资金投入。为此，该项目在推进初期便成立档案工作领导小组，项目总工程师任小组组长，各部门负责人任组长，遴选经验丰富的档案管理人员作为主要参与人员，投入充足资金的同时，将档案信息化工作纳入整个项目建设计划、竣工要求以及招标要求和合同管理中，为企业交通基础设施建设工程项目电子文件单轨制的实施提供了坚实的基础。

3.2.3 问题总结

作为同时涉及多种类型工程的建设项目，B 项目在建设过程中做出了诸多新的尝试并取得一定成效，但其项目的复杂性也不可避免地加大了管理难度，存在一些仍需探讨和改进的问题。

（1）合并的 PDF 电子签名失效问题

目前，该工程项目各业务系统产生的电子文件已直接对接到电子档案管理系统，且一般将多种格式的电子文件合并为一个 PDF 文件或 PDF 数据包进行归档，而合并的 PDF 文件因改变了文件的属性，容易导致其文件原本带有的电子签名失效，极大地影响电子档案的真实性。截至调研期，该项目中采用 PDF 数据包形式进行归档的电子档案中电子签名的验证均有效，因此是否可以全部采用 PDF 数据包的格式开展后期建设工程项目电子文件归档和电子档案管理的相关工作还有待验证及是否有新的技术或方案可以解决电子签名失效的问题还有待探索。

（2）三维模型保管期限及归档缺乏参照依据

该项目以智能建造为依托，因此在建设过程中借助竣工图管理系统进行施工图、竣工图的编制、修改已成为普遍，为此生成了大量的三维模型和相关数据。

目前已有的标准中仅有部分文件明确了保管期限和归档范围，而在该工程项目建设过程中，除了生成传统类型的文件外，还会产生大量的三维模型文件，但基于此类电子文件的保管期限、归档范围、归档方式、元数据标准等尚无相关标准和依据可以进行参照。实际工作过程中，因缺乏参照依据，因此均将三维模型文件保管期限定为“永久”，且一般将其保管于原始生成系统中。但该类型文件自身体量较大，且后续维护成本相对较高，随着数量的增多其保存难度将不断加大，因此迫切需要相关标准或准则来为三维模型文件的保存提供一定的参考和借鉴。

3.3 试点案例总结

基于以上分析，我们发现，无论是A企业风电建设工程项目还是B交通基础设施建设工程项目，两者最大的成功之处在于：在推行电子文件单轨制过程中均在观念上有所突破，改变传统的、封闭的、独立的、保守的档案管理理念，将前端控制理念和全程管理理念融入电子文件单轨制推行的全过程中。并在此基础上，结合行业和项目特点以及自身需求进行了一定的探索和尝试。首先，两试点单位虽分属于不同的领域，但在电子文件单轨制推行前均对自身的业务流及数据流进行了一定的清理和梳理，为电子文件单轨制的推行提供一定的数据基础。其次，两试点单位均搭建了功能较为完善的信息系统，并借助系统及先进技术对归档的电子文件进行“四性”检测来保障其真实完整和可用安全。最后，两单位无论是在组织还是制度方面均设置较为完善，为电子文件单轨制的顺利推进提供一定的保障。

简言之，两个试点项目结合项目实际情况及特点进行一定的尝试和创新，基本实现了全数据、全流程、全系统和全体系的目标，且在推进电子文件单轨制过程中形成了一些值得其他行业或项目参考和借鉴的做法。

3.3.1 具备前端控制和全程管理理念

相较于传统的档案管理工作与前端的业务活动是相互分离为“两张皮”的状态，以上两个试点案例均以前端控制理念和全程管理理念为指导与统领来开展复杂的电子文件归档和电子档案管理工作，以实现电子文件单轨制管理的目标。

就前端控制理念而言，两个试点案例项目均首先以文件全生命周期理论为指导，变传统档案管理工作分阶段、分环节的管理方式为以电子文件在前端业务系统的形成为档案管理的开端的管理方式，扩大管理范围，对电子文件从形成到鉴定、整理、销毁、利用等的每个环节进行统筹分析，将原本置于电子档案管理系统中的部分功能前置到业务系统中实现，有效地保障了电子文件的真实可靠和安全完整。

就全程管理理念而言，电子文件的全程管理理念即从电子文件产生到永久保存或销毁的整个生命周期中进行全过程管理。①而这种全过程管理既是一种全面的管理，又是一种过程管理，在"大文件观"的基础上，涵盖电子文件及电子档案全生命周期各阶段的全部流程及其中的每一项管理活动。而以上两个案例均在全程管理理念的指导下进行电子文件单轨制的实施，如A企业风电建设工程项目在建设过程中实现了所有项目文件的在线流转即全程可控，并最终在在线归档环节进行专家核验并进行结果反馈，形成一定的闭环管理。B项目则在项目建设前进行数据梳理并构建相关的管理体制、目标体系以及制度体系等，从宏观层面对项目建设进行全程管控和指导。

3.3.2 搭建功能较为完备的信息系统

以往的系统建设中，项目前端的业务系统与电子档案管理系统之间是相互割裂分离的，前端业务流程形成的电子文件归档还需要更多人工参与和管理。而以上两个试点项目均很好地打破了这一界限，积极构建电子档案管理系统与前端各个业务系统的接口程序，结合实际需求及电子文件特点完善不同系统的功能，保证电子文件全流程的在线实现。尤其是B项目将前端的各业务流程进行整合，将原本分散独立的业务系统全部整合至同一综合管理平台，不同人员的使用需求均可在该综合管理平台上得到满足，改变了以往不同业务部门构建不同业务系统

① 冯惠玲，刘越男．电子文件管理教程（第二版）［M］．北京：中国人民大学出版社，2017：52.

且相互独立分散的局面，为项目数据资源的共享提供了平台。同时，两试点项目所构建的电子档案管理系统功能均较为完善，如可以实现在线归档和接收、在线鉴定、元数据归档、接口程序、保管期限划分等，极大地减少了人为的参与和干扰。

此外，以上两个试点项目在实际建设过程中，均开发了适用于工程项目不同角色人员使用的移动端APP或微信公众号，且由于工程项目的特殊性及其时效性，移动端的开发成为项目开展的得力助手。

3.3.3 制定较为可行的“四性”保障方案

保障电子文件的四性是各电子文件单轨制试点最为关注的问题。以上两个试点单位均参照档案行业标准如《电子文件归档与电子档案管理规范》（GB/T 18894–2016）、《文书类电子档案检测一般要求》（DA/T 70–2018）等中列明的检测项目及要求制定相应的检测方案，包括不同环节的检测内容、检测方法、预警机制等详细信息，最大程度地保障归档电子文件的真实性、完整性、可用性和安全性。电子文件从前端业务系统归档到电子档案管理系统，其本质上属于档案保管权属的交接，即完成了从电子文件到电子档案的转变。因此通过四性检测，可以对电子文件的质量进行严格把关，为电子档案的长期保存及利用做好充足准备。

同时，除进行四性检测外，以上两个试点项目均引入电子签章技术，改变了以往手动签名造成的真实性难以保证、花费时间较长等局面，也使得管理流程更加可控和可追溯。如B项目的建设地点遍布多个不同城市，各相关负责人也分布于不同标段项目中，以往的管理模式下需要通过快递或专人专送的方式进行跨区域的签名，且容易因为文件内容更改、负责人时间难以协调等问题出现签字周期较长的情况。而引入电子签名技术后，所有的相关人员可以通过协同管理平台完成线上签证，审批文件时间缩短为原来的1/5，既突破了地域及时间的限制，同时也是保障电子文件真实性的重要举措之一。

3.3.4 构建较为完善的保障体系

就保障体系而言，两个试点项目均在制度、人员、资金等方面进行了投入，而合理的规章制度、充足的资金支持、权责明晰的责任划分和专业的管理人员均是项目顺利推进必不可少的要素。项目实施前制定了与实际情况和需求相匹配的内部规章制度，以此为依据来对电子文件管理工作进行宏观指导和约束，如两个试点项目均结合国家标准、行业标准以及项目特点制定相应的档案管理办法，明确权责归属、归档范围、保管期限等具体信息，同时均得到领导的支持并在项目开始前组织成立工作领导小组，明确不同层级管理人员的责任划分和管理范围。

此外，两个项目均表明对除了档案管理人员之外的其他参建单位人员进行相关的电子文件和电子档案知识培训，加深相关人员对相关电子文件归档范围、保管期限、建设工程项目电子文件成套性的理解，营造“人人都是档案员”的全员工作环境，以便更好地开展电子文件收集和归档工作。

第四章　基本概念与相关理论

前文的文献研究、问卷调查与案例研究均为研究工作奠定了坚实的基础，同时，也将我国电子文件单轨制管理，包括工程项目电子文件单轨制管理的现状清晰地展示出来。接下来，本章遵照学术研究的逻辑脉络，引出并详细阐述本研究所涉及的基本概念与相关理论。这些概念与理论都将在其后的章节内容中有所体现，并成为创新理论的基石。

4.1 基本概念

4.1.1 电子文件与数据

（1）电子文件

电子文件最初源于对英文“Electronic record（s）”的翻译。Record 的本义为记录、记录物。在档案学中，records 虽然能够表明文件档案的本质属性——原始记录性，但其对应翻译应该选择“文件”还是“档案”曾在学术界有过一定的争论，甚至在国家相关标准中亦存在不同的翻译方法，举例见下表。

表 4-1　电子文件、电子档案在不同标准文本中的翻译汇总表

标准名称	电子文件	电子档案
《版式电子文件长期保存格式需求》（DA/T 47-2009）	electronic records	

续表

标准名称	电子文件	电子档案
《文书类电子文件元数据方案》（DA/T 46-2009）	electronic records	
《电子档案管理基本术语》（DA/T 58-2014）	electronic document: electronic record	electronic record: archival electronic record
《电子文件归档与电子档案管理规范》（GB/T 18894-2016）	electronic document	electronic records
《电子档案单套管理一般要求》（DA/T 92-2022）	electronic document	electronic record: archival electronic record

时过境迁，随着我国电子文件研究的日益成熟，将 electronic records 翻译成电子文件已经成为基本共识，它与电子档案之间的联系与区别也非常清晰。电子文件及其单轨制管理是本书研究的主体对象，因此有必要对这个关键概念加以明确的解释和界定。本书将 electronic records 翻译为电子文件，这里的文件含义基本对等于我国传统档案学中的“大文件”概念，即涵盖现行、半现行和非现行阶段的生命周期全过程的原始记录物。它包含了狭义的文件（小文件，即形成办理阶段的记录）以及归档之后的档案。使用大文件的概念去定位电子文件，理由有二：其一，从其形成的诸多原始英文文献看，无论是 records life cycle（文件生命周期）理论还是后来的 records continuum（文件连续体）理论，其 records 的含义都是广义范畴的，都是在认定其记录属性和形态的基础上进行论述的。而对于具有保存价值（档案价值）的电子文件则是用 archives、archival electric records、archived electronic records 等词汇加以描述和区分；其二，只有使用大文件的概念，电子文件管理所确立的全程管理原则、前端控制原则才能够成立。档案本身是指具备保存价值、归档之后的记录物，属于后端管理范畴，而电子文件由于自身不同于传统实体档案的技术特征向传统的后端式、分段式的管理模式提出了巨大的挑战，正是基于此，电子文件管理必须是全程的，必须是摆脱孤立后端迈向前端去打通整个生命周期的全新管理模式。

因此，本书认可《电子文件归档与电子档案管理规范》（GB/T 18894-2016）

中对电子文件定义，将其作为本书研究的概念基础，即“电子文件是国家机构、社会组织或个人在履行其法定职责或处理事务过程中，通过计算机等电子设备形成、办理、传输和存储的数字格式的各种信息记录。电子文件由内容、结构、背景组成”。而电子档案则是“具有凭证、查考和保存价值并归档保存的电子文件”。

（2）数据

在当今社会，似乎没有哪个词比数据更加耳熟能详了。不同领域对数据（Data）的定义各有所见，可列举的典型例子不下十几种。2021 年 6 月，我国颁布的《中华人民共和国数据安全法》将数据定义为“任何以电子文件或者其他方式对信息的记录”。在计算机领域，数据被定义为一种客观事实与结果，是对客观事物的逻辑归纳，表示客观事物的未经加工的原始素材。囿于篇幅所限，我们仅以上述两个概念为例，下面着重探讨的是电子文件与数据之间的关联。

按照《中华人民共和国数据安全法》给出的定义，对照上文认定的电子文件概念，我们不难看出二者之间具有紧密的联系，电子文件完全可以被涵盖在数据的范畴之中。同时，定义中给出的电子文件的属概念是信息记录。根据国际数据管理协会出版的《DAMA 数据管理知识体系指南（原书第 2 版）》的相关论述，数据是“信息的原材料”，信息则是“在上下文语境中的数据”。通常人们用金字塔模型的分层方式描述数据与信息的关系，但事实上这两个概念不是截然分开的，而是相互交织并相互依赖的。数据是信息的一种形式，信息也是数据的一种形式。[①] 因此，从这个意义上说，电子文件是数据，这点是毋庸置疑的。

此外，电子文件是一类特殊的数据，即记录型数据。这不同于一般意义上的数字型数据。在大数据中，记录型数据占绝大多数。曾燕在其著作《数据资源与数据资产概论》（2022）直接将其研究对象数据定义为：“以电子或其他方式对客观事实或规律的记录，是提炼信息的原材料。这些最原始的数据是形成大数据集的基础。”[②] 从该数据定义出发，该书所论及的数据资源、数据资产等内容都是以

① 国际数据管理协会．DAMA 数据管理知识体系指南（原书第 2 版）［M］．北京：机械工业出版社，2020.

② 曾燕．数据资源与数据资产概论［M］．北京：中国社会科学出版社，2022.

包含电子文件在内的记录型数据为基础的。由此可见，将数据管理、数据资产管理等方法应用于电子文件单轨制管理是恰如其分且必需的。

4.1.2 电子文件单轨制

在理论研究和实践领域中,"电子文件单轨制" 常常与 "单套制" "双套制" "双轨制" 等概念交织在一起，容易造成一定的误解和混用。不同学者从不同角度对相关概念进行了界定，其中比较有代表性的观点有以下几种。

目前，学术界比较认可的是冯惠玲教授对单轨制、单套制的概念界定和分析。早在 2003 年她就将纸质文件与电子文件的共存状态归结为"双套制"和"双轨制",并指出 "双套制是指双套归档，即同一份文件的电子版本和纸质版本共同处于存储和可利用状态，双轨制是指在文件生成、运转过程中二者的共存，即两种版本文件同步随业务流程运转。" ①2019 年，她进一步指出 "轨是指运行状态，套是指保存状态"，并认为 "单轨制是指在数字环境中仅以电子方式运行和保存电子文件的全流程，包括生成、办理、归档管理、移交、保存和利用等业务活动，即文件、档案的全程无纸化，而不再同时生成、办理和保存纸质文件。" ②

《全国档案事业发展"十三五"规划纲要》(档发〔2016〕4 号)中明确定义:"电子档案单套制即电子设备生成的档案仅以电子方式保存，单轨制即不再生成纸质档案"。③ 钱毅（2017）主要通过属性来区分 "轨" "套" "份",他指出 "轨主性质，套主类型，份主数量" 以及三者之间存在一定的递进关系，同时环节、效力和业务等因素对单轨制存在一定的约束，建议通过 "型式 + 要素" 的组合来表达电子文件的管理模式。④ 鲍志芳、马嘉悦(2018)主张以归档为分界点来判定"轨"和"套"的叫法,单轨制是文件归档前只有一种文件形式(纸质或电子)伴随业务进程流转,

① 冯惠玲. 电子文件与纸质文件管理的共存与互动［J］. 中国档案，2003（12）：40–42.

② 冯惠玲. 走向单轨制电子文件管理［J］. 档案学研究，2019（01）：88–94.

③ 国家档案局印发《全国档案事业发展"十三五"规划纲要》［EB/OL］.［2021-10-08］. https：//www.saac.gov.cn/daj/xxgk/201604/4596bddd364641129d7c878a80d0f800.shtml.

④ 钱毅. 电子文件"单套制"管理相关概念的辨析与思考［J］. 档案学通讯，2017（04）：8–13.

而单套制是文件归档后只有一种文件形式（纸质或电子）处于存储和利用状态。[①]管先海、何思源等（2017）认为电子文件“单套制”归档管理模式是指文件从生成到销毁或永久保存的整个生命周期中都不会出现非电子形式的文件类型，是一种纯粹的电子化运作模式，其实质就是电子文件“单轨制”运行管理模式。[②]

基于以上研究，本书中所指的电子文件单轨制基本采用冯惠玲教授的定义，即在工程项目活动中，仅以电子方式运行和保存电子文件的全流程，包括生成、办理、归档管理、移交、保存和利用等业务活动，即文件、档案的全程无纸化，而不再同时生成、办理和保存纸质文件”。[③]根据该定义，可以看出电子文件单轨制本身就包含了电子文件单轨运行、管理和单套保存两方面含义。

4.1.3 工程项目

“项目”（Project）一词涵盖范围较广，被广泛应用于经济社会和文化生活的各个领域中，国家市场监督管理总局和中国国家标准化管理委员会于2021年发布的《质量管理项目质量管理指南》（GB/T 19016–2021）中对“项目”进行了界定，指出“项目是由一组有起止时间的、相互协调的受控活动所组成的特定过程，该过程要达到符合规定要求的目标，包括时间、成本和资源的约束条件。”[④]与本书研究相关的项目主要为工程领域，其中常见的概念有工程项目、建设工程项目、建设项目等，而已有的相关研究在使用该类概念时大多未进行严格地区分。胡杰武在《工程项目风险管理》一书中提出，工程项目又可以称为建设项目、基本建设项目、投资建设项目或建设工程项目，并将工程项目定义为“指在一定的建设时间内，在规定的资金总额条件下，需要达到预期规模和预定质量水平的一次性

① 鲍志芳，马嘉悦．基于单轨制、单套制、双轨制和双套制概念辨析之文件管理模式探讨［J］．档案学通讯，2018（04）：30–34.

② 管先海，何思源，武梦雅．电子文件归档管理模式探究［J］．档案管理，2017（06）：37–41.

③ 冯惠玲．走向单轨制电子文件管理［J］．档案学研究，2019（01）：88–94.

④ 质量管理 项目质量管理指南 GB/T 19016–2021［S］．北京：中国国家标准化管理委员会，2021.

事业。”[①] 刘荔娟、王蔷等在《现代项目管理》一书中认为除了可以从层次、行业等方面对项目进行划分外，还可以根据《中国项目管理知识体系》[②] 将其划分为工程项目和非工程项目两大类，而工程项目又可以以用途为标准划分为生产性建设项目和非生产性建设项目。[③] 此外，《建设工程项目管理规范》（GB/T 50326–2017）中将建设工程项目（construction project）界定为“为完成依法立项的新建、扩建、改建等各类工程而进行的、有起止日期的、达到规定要求的一组相互关联的受控活动，包括策划、勘察、设计、采购、施工、试运行、竣工验收和考核评价等，简称为项目”。[④]《建设项目档案管理规范》（DA/T 28–2018）中认为建设项目（construction project）为“建筑、安装等形成固定资产的活动中，按照一个总体设计进行施工，独立组成的，在经济上统一核算、行政上有独立组织形式、实行统一管理的单位”。[⑤]

由此可以看出，工程项目、建设工程项目、建设项目三个概念在界定和使用时是相互通用、相互借鉴的，为了增加研究的通约性同时兼顾专指性，本书使用“工程项目”这一说法将更加贴切。结合已有的概念界定和分类，本书认为工程项目是为了形成一定的固定资产，在时间、资金、技术等各种约束条件下，通过一系列的受控活动，由一个或多个单项项目组成的活动，具有目的性、动态性、约束性等特点。

本书选择工程项目作为电子文件单轨制管理的实验场，这在我国尚属首次。其动因在于：工程项目建设活动中形成的电子文件具有数据量大、数据构成及类型多样、数据源分散、数据运行过程及软硬件环境复杂、管控节点多、涉及利益相关者及参与者多、电子文件数据档案价值显著等特点，从这个意义上说，选择工程项目作为电子文件单轨制管理的实践对象，通约性更强，能够覆盖更多、更

① 胡杰武．工程项目风险管理［M］．清华大学出版社，2015.

② 中国双法项目管理研究委员会．中国项目管理知识体系（C-PMBOK2006）［M］．北京：电子工业出版社，2006.

③ 刘荔娟，王蔷．现代项目管理［M］．上海：上海财经大学出版社，2016.

④ GB/T 50326–2017，建设工程项目管理规范［S］．北京：中国国家标准化管理委员会，2017.

⑤ DA/T 28–2018，建设项目档案管理规范［S］．北京：国家档案局，2018.

全面的研究问题，同时可以避免和克服已有电子文件单轨制管理实践中存在的短板问题，即文件类型、业务活动、系统环境、实施主体等过于单一、覆盖范围不广等，其研究结论更适合作为最佳实践加以日后推广，从而真正“以点带面”而不是“以点代面”的成为我国电子文件单轨制管理发展的有力推手。

4.1.4 理念与管理理念

百度百科对理念的解释是：“《辞海》（1989）对‘理念’一词的解释有两条，一是‘看法、思想、思维活动的结果’，二是‘理论，观念（希腊文 idea）。通常指思想。有时亦指表象或客观事物在人脑里留下的概括的形象。’（《辞海》第1367页）理念与观念关联，上升到理性高度的观念叫‘理念’。（先有意念，然后正确的意念成为观念，观念再观一观，成为理念）。”[①] 这两种释义均有合理性，故将其融合使用。本书所研究的理念是指具有理论色彩的观念。管理理念即管理在理性方面的观念、概念。由此，电子文件单轨制管理理念是指在经过大量研究和思考的基础上形成的、对电子文件单轨制管理具有一定普适性、指导性的理性概念和观念。同样根据百度百科对理念特征的总结，电子文件单轨制管理理念的特征可诠释如下：

（1）适用性：任何的理念都有自己的局限，也就是说，每一理念都存在着自己固有的适用范围。基于对我国电子文件管理状况的全面判断，本书提出的电子文件单轨制管理理念针对的是“完全、纯粹”的电子文件管理环境，即仅以电子文件为管理对象，不考虑是否同时存在传统实体文件档案；同时，虽然预设的研究场景是工程项目，但在理念层面可适用于除工程项目外的其他业务场景。

（2）概括性：本书提出的管理理念是在对工程项目电子文件单轨制管理的规律具备一定广度和深度认知的基础上概括出来的，试图通过理念手段促成管理活动要素中观念要素的根本转变，这对于解决电子文件单轨制管理中认识不足、错位、落后等问题具有重要的意义。

---

① 理念．引自百度百科［EB/OL］．［2022-09-01］.https://baike.baidu.com/item/%E7%90%86%E5%BF%B5/1189315？fr=aladdin

（3）客观性：如果我们要对客观现象的本质或特征有整体性的诠释，就得有其相对应的客观程度。前期对理论研究成果以及实践层面的点面结合式的考量就是为了保证管理理念与我国电子文件单轨制的客观实际以及未来的发展趋势高度契合，只有这样才能真正地对我国电子文件单轨制管理起到科学的指导作用。

（4）间接性：理念是人类凭借自己的语言形式而对客观现象进行的诠释，是在感觉格式化后之基础上建立的。理念是凭借高度概括、准确的抽象化语言去影响人们对社会实践的思考和理解，同时统一认知和行动目标，从而有效地指导社会实践。我国电子文件单轨制管理一直处于电子文件管理的大范畴之下，虽然可适用后者的理论，但是其独特的时代背景与需求尚未得到充分的体现，提出电子文件单轨制的管理理念就是为了强调这种独特性。

（5）逻辑性：诠释现象的信息内容，反映出理念是一种抽象的理论认识，表明理念中陈述的现象遵循着一定的规律、有一定的形式，并按着一定的方法在进行。理念不是语言游戏，而是蕴含了描述对象本质、发展规律以及管理方法的逻辑脉络。管理体系和管理模型的构建都是对理论在方法层面的具体展开。

（6）深刻性：理念，是经过人类的思考活动，进行信息内容的加工——去粗取精、去伪存真，由此及彼、由表及里。于是，在人类情感格式化里，生成了一种认知过程的突变，产生了观念、概念或法则——抓住了现象的本质，以及整体与内外的联系。本书将提出的电子文件单轨制管理理念正是在对电子文件单轨制进行大量研究的基础上经过深入分析、对其本质和错综复杂的诸要素进行深刻思考而提出的。

4.1.5 模型

模型是各个学科普遍使用的一个术语。百度百科将模型界定为“通过主观意识借助实体或者虚拟表现，构成客观阐述形态结构的一种表达目的的物件（物件并不等于物体，不局限于实体与虚拟、不限于平面与立体）”。实体模型、概念模型、虚拟模型等说法不一而足。究其本质而言，模型是对一类事物本质、共性以及要素关系的规范化、结构化描述。电子文件单轨制管理模型是针对电子文件单轨制管理的流程、要素、活动等内容要素用模型化的方式明确地展示出来，其设计充分渗透了管理理念、原则和目标等软要素。同时，由于电子文件单轨制管理与企业、工程项目联系紧密，尤其在整合过程中，涉及的个性和特性需求难以回避，因此，本书将管理模型定位于两个层面：其一，概念逻辑层面的“参考模型”（reference model）。维基百科将参考模型定义为“在系统、企业和软件工程中，参考模型是一个抽象的框架或领域——特定的本体，由一组相互关联的明确定义的概念组成，这些概念由专家或专家团体产生，以鼓励清晰地沟通”。（A reference model—in systems, entERPrise, and software engineering——is an abstract framework or domain——specific ontology consisting of an interlinked set of clearly defined concepts produced by an expert or body of experts to encourage clear communication.）通过这种设定，既可以将电子文件单轨制管理的核心理念、原则完整地表达出来，形成统一、规范、可视化的理论展示，同时又保证其对于实践工作的通用性和普遍指导性，从而区别于具体的管理模型。其二，具象化实操层面的“管理模型”（management model）。在概念逻辑层面参考模型的指导下，结合工程项目业务场景，将理念、原则与目标具体运用到工程项目的活动、流程、需求等要素之中，从而形成具象化的可以直接指导工程项目电子文件单轨制管理的实施。

4.2 基本理论

4.2.1 数字转型理论（Digital Transformation）

数字转型既是电子文件单轨制管理提出和快速发展的时代大背景，同时也是电子文件单轨制管理的动因和最终目标——促进档案工作的数字转型。与“数字转型”（Digital transformation）概念较为接近的为“数字化转型”（Digital transition），目前国内很多研究对两个概念进行混用，但两个概念本质上具有较大区别，因此有必要对其进行区分。

2018 年，国务院发展研究中心发布的《传统产业数字化转型的模式和路径》中认为数字化转型是利用新一代信息技术，构建数据的采集、传输、存储、处理和反馈的闭环，打通不同层级与不同行业间的数据壁垒，提高行业整体的运行效率，构建全新的数字经济体系。而数字转型则是指数字化不仅能扩展新的经济发展空间，促进经济可持续发展，而且能推动传统产业转型升级，促进整个社会转型发展。① 如电子邮件的产生和应用就是数字化转型的印证，通信从通过纸张和邮票移动并存储于文件夹中转变为通过互联网产生并存储于服务器或硬盘上。

相较于数字化转型，数字转型是一个更为宏大的概念，不同的行业和领域均对数字转型有所关注，如国内有部分学者聚焦于文档管理领域的数字转型，冯惠玲（2017）从信息载体形态变化的视角阐明数字转型的内涵，提出数字转型期档案管理以数字文件为主要对象。② 安小米（2013）认为："数字转型指机构向无纸化管理与服务方式过渡的社会转型发展过程。" ③ 钱毅（2017）对数字转型的本质进行了剖析，转型即转为数字单轨，以技术信号属性作为轨的判别标准，划分为模拟轨和数字轨两种形式，而数字转型是将模拟信号转变为数字信号。④ 毛双惠（2021）强调："数字转型即以数字技术为支撑对组织的传统流程及业务模式进行改造重建，使其实现互联、在线、智能运转及管理，已成为各行业培育发展的新目标、新动能。" ⑤

国外学者 Boskovic、Primarac 等（2019）在其《数字组织与数字转型》一文中指出，数字转型需要对运营和流程的核心进行改造，其结果不应该只是系统功能的增加，而应该是整体的突破和转型以便适应数字化。⑥Bican 和 Brem（2020）

① 国务院发展研究中心．传统产业数字化转型的模式和路径［EB/OL］．［2022-03-08］．https：//www.xyz-research.com/uploads/20201216/0316a4cf2b80fcfd96ee335238a8fc0a.pdf

② 冯惠玲，刘越男，马林青．文件管理的数字转型：关键要素识别与推进策略分析［J］．档案学通讯，2017（03）：4-11.

③ 安小米，白文琳，钟文睿，孙舒扬．数字转型背景下的我国数字档案资源整合与服务研究框架［J］．图书情报工作，2013，57（24）：44-50+78.

④ 钱毅．电子文件"单套制"管理相关概念的辨析与思考［J］．档案学通讯，2017（04）：8-13.

⑤ 毛双惠．试论数字转型背景下的科研事业单位档案管理工作［J］．城建档案，2021（11）：24-26.

⑥ Boskovic A, Primorac D, Kozina G. Digital Organizations and Digital Transformation［J］. Economic and Social Development: Book of Proceedings, 2019：263-269.

则认为，数字转型是数字技术和商业模式的双重变革，其并不局限于传统的数字化的流程层面，它对包括商业模式、服务、产品、流程等在内的所有要素均会产生影响。[①]Fitzgerald 等（2013）认为数字化转型就是使用新的数字技术如社交媒体、移动或嵌入式等设备来实现业务流程的改进，以此来改善客户体验，并简化操作流程。[②]Collin 和 Hiekkanen 等（2015）揭露了数字转型和数字化转型的区别，他们认为数字化转型仅是将模拟信息转换为数字信息，而数字转型是一个更加广泛的概念和思维方式的转变，影响到政治、商业、社会等问题。[③]

由以上论述可以看出，数字化转型强调的是技术的引入和应用，将传统的业务从线下搬到线上交由某一系统来完成，从而提升某一行业或某一阶段的工作效率，而数字转型则是站在更加宏观、更高层次的角度，其涵盖的要素和范围也将更加广泛。也可以说，数字化转型是数字转型的过程化描述，是阶段性的发展目标，而数字转型是机构各种业务活动在数字化转换、数字化升级基础上实现业务活动模式重建的高阶目标。

之所以如此强调数字化转型与数字转型的区别，一方面两个概念经常被混用，而将数字化转型混同于数字转型的理解，往往容易将过程等同于目标，从而忽略了在理念、方法上的彻底更新与转变，造成“新瓶装旧酒”的工作局面，给真正的电子文件单轨制管理制造障碍，就像纸质文件的数字化不能完全与电子文件画等号，著录信息不能等同于元数据一样；另一方面，既然数字转型代表着彻底的变革，那就意味着无论是管理理念、管理模式还是管理方法，甚至是管理技术，都将是全新的状态，是在保持历史传承和延续基础上的创新“革命”。那么电子文件单轨制管理是否意味着档案学将面临着一场革命，并且可能形成新的学科范

① Bican PM, Brem A. Digital Business Model, Digital Transformation, Digital Entrepreneurship: Is There A Sustainable “Digital”?［J］.Sustainability, 2020，12（13）：5239.

② Fitzgerald M, Kruschwitz N, Bonnet D, Welch M. Embracing Digital Technology: A New Strategic Imperative Capgemini Consulting Worldwide［J］.MIT Sloan Management Review, 2013，55：1.

③ Collin J, Hiekkanen K, Korhonen J, Halén M, Itälä T, Helenius M. IT Leadership in Transition: The Impact of Digitalization on Finnish Organizations［J］.Science Technolgy, 2015，7：121.

式呢？这个问题值得思考。

对上述问题的思考可能会引出另一个概念：数据化转型。根据孙新波等所写的《数字化与数据化——概念界定与辨析》[①] 一文表明，"'数据化转型' 这一概念出现的时间较晚，应用范围也较小。目前，在中国知网数据库中，与数据化转型相关的论文仅有 17 篇，主要涉及图书馆、情报学及档案学等领域。数据化转型的本质是在 5G、传感器、大数据等新兴数字技术背景下数据化概念的动态深化与延伸，目的是发掘数据价值，加速数据向生产力的转化。王便芳和周燕提出，数据化转型涉及海量数据的存储、加工、处理与分析。曹惠娟等指出，数据化转型的内涵突出体现在业务对象数据化、业务体系生态化、业务内容服务化和手段方法智能化等方面。综上，本书将 '数据化转型' 定义为，通过提高获取和分析数据的能力，组织能够有效挖掘与分析数据，最终增强数据利用效率与决策精准度的过程。此外，'数据化转型' 是中文情境下的特有术语，没有对应的英文术语。"由此不难发现，数据化概念及其解读目前仍处于探索当中，但鉴于电子文件与数据之间不可忽视的紧密关联，对二者进行融合研究极有可能为电子文件单轨制管理找到全新的发展方向，打开一片新天地。

简而言之，数字转型理论既展示了电子文件单轨制实施的环境需求和目标要求，也再次强调了电子文件单轨制管理并不仅仅是对一种新记录类型的全新管理模式的构建，还是整个档案工作数字转型的核心任务之一。一方面，档案管理工作不能再延续以往那种"闭关自守""自说自话"式的工作方式和风格，隔离于业务活动之外，而是应该借助电子文件单轨制管理这一契机打通与企业业务部门和领域的隔阂、壁垒，充分融入机构的整体数字转型战略之中。另一方面，就档案工作本身而言，没有电子文件单轨制管理这样一项"基础性"工作的实现，数字档案资源建设将受到极大的影响，档案工作的数字转型将无法真正地完成，也就无法实现与其他智慧领域的对接以及向更高阶段迈进。

① 孙新波等．数字化与数据化——概念界定与辨析［EB/OL］．https：//mp.weixin.qq.com/s/PjPD764SbQf3wE0gvEyzpQ.2022.8.11

4.2.2 数据资产理论（Data Asset）

随着大数据时代的悄然来临，对数据的重视达到了前所未有的高度，“数据是资产”已经被广泛认可。正如《大数据时代》作者舍恩伯格所说：“虽然数据还没有被列入企业的资产负债表，但这只是一个时间问题。”① 数据成为资产，成为企业生存和发展的重要资源，其管理问题自然被提上日程。国内外关于数据资产管理的著述颇多，其中影响比较大的有国际数据管理协会出版的《DAMA 数据管理知识体系指南》和中国信息通信研究院云计算与大数据研究所发布的《数据资产管理实践白皮书（6.0 版）》。后者作为我国数据资产管理领域较为代表性的成果，自 2017 年开始已经连续发布 6 版。对比二者的内容，前者偏重对数据本身的管理，事无巨细，从数据管理、数据处理到数据治理等各个方面均有涉猎；而后者则侧重于将数据资产管理作为一项职能活动加以论述，如活动职能、保障措施、实践步骤等。

资源是一个经济学概念，把数据视作一种资源强调了数据的价值与可利用性。中国信通院发布的《中国数字经济发展白皮书（2020）》加入了数字化治理和数据价值化两大内容，与数字产业化、产业数字化共同构成了数字经济治理的“四化”框架。数据价值化是指释放数据价值的方法，如数据治理、数据交易等。无论是数字产业化、产业数字化，还是数字化治理，根本目标都是数据价值化。而数据价值化包括了数据资源化、数据资产化、数据资本化三个步骤。如何释放数据资源价值是一切制度和管理的立足点。正因为如此，本书将数据资产管理引入电子文件单轨制管理中，主要是基于对电子文件（电子档案）数据资产属性的深刻认知。2016 年中央企业首届档案技能大赛提出了“档案是中央企业重要无形资产，是中央企业国有资产的重要组成部分”口号，这是对档案作为企业资产的高度认可。在此基础上，张宁、宫晓东在《企业档案数据资产概念的辨析与确立》一文中充分论证了企业档案的数据属性以及由此而具有数据资产价值，并将企业档案

① 维克托·迈尔·舍恩伯格，肯尼斯·库克耶．大数据时代：生活、工作与思维的大变革［M］．杭州：浙江人民出版社，2013.

数据资产定义为“在企业各项活动中形成的，归企业所属并受控的，归档保存的、能够为企业未来发展提供信息支持并产生效益的企业核心数据资源。”[①] 虽然从传统实体文件档案到电子文件只是记录形式和载体的变化，但正是这种变化让电子文件具备了大数据特征，彰显了其作为企业核心数据资源的地位和价值。而且随着电子文件逐渐代替传统实体档案成为主要记录形式，借鉴数据及数据资产管理的理念与方法去改造传统的档案管理模式、去推动电子文件单轨制管理的实施、最大程度地释放电子文件数据的资产价值就是顺理成章的。数据资产理论对于重新树立电子文件单轨制理念，革新电子文件单轨制管理方法，驱动电子文件单轨制快速推进都具有重要意义。

4.2.3 文件生命周期理论（Records Life Cycle）

有学者认为，“中外文件生命周期理论研究的主要流派有：一是以阿根廷档案学者曼努埃尔·巴斯克斯和一些法国档案学者为代表的拉丁语族流派；二是特别强调文件管理的美英档案学者；三是中国档案学界的主流派。”“我国文件生命周期理论（文件运动理论）的起源及形成发展的脉络，萌芽于20世纪三四十年代我国现代文书档案工作起源和形成之时，起源于60年代时任国家档案局局长曾三先生提出‘档案自然形成过程论’的基本思想，并于80年代由陈兆祦等学者正式提出‘文件生命周期论’，及至90年代引进欧美等国系统化的‘文件生命周期理论’后得到深入研究和广泛探讨。欧美国家文件生命周期理论的发展脉络，即起源于20世纪40年代文件中心的产生，1950年第一届国际档案大会英国伦敦大学教授罗吉尔·艾利斯（Roger Ellis）提出文件运动‘三阶段论’后逐渐形成并正式提出，至20世纪80年代阿根廷档案学者曼努埃尔·巴斯克斯（Manuel Vazquez）等产生的一系列重要论著标志着文件生命周期理论的完善和系统化。”[②] 尽管国内外关于文件生命周期理论的研究在起源、侧重点

① 张宁，官晓东．企业档案数据资产概念的辨析与确立［J］．档案学研究，2017（06）：57-60.

② 张伟斌，周莉莉．文件生命周期理论研究中外比较［J］．山西档案，2015（03）：50-53.

等方面不尽相同，有“小异”，但都着力于探讨文件（含档案）的运动过程及其规律这一点却是一致的，是“大同”。中外对文件运动内在规律和生命周期不约而同的探索及理论内容的“大同”而“小异”，恰从根本上说明了文件生命周期理论产生的根本原因，即现代文件管理及现代档案管理科学化、规律化的内在本质要求。深入挖掘文件运动的客观规律，为专门化的文件管理及现代档案学奠定理论基础，是现代社会分工和社会制度的客观要求。所以，对文件运动客观规律的研究和文件生命周期理论的提出及应用是人类社会文明发展的必然结果。无论文件以何种形式存在，只要其本质属性和基本功能（记录功能）不变，文件生命周期均是适用的。

文件生命周期（records life cycle）理论是生命周期这一具有普适性理论在文件档案管理范畴的专业化演绎。文件生命周期理论所提供的将文件的整个运动过程作为一个完整的生命过程的思想，本身就是文件管理最本质的揭示，也是其核心价值所在。文件生命周期理论首先强调的是文件（记录）作为客观存在物，与生命体一样存在着一个“成、住、坏、灭”的完整过程，这个过程是一个整体；其次在生命过程的不同阶段，文件及文件管理相关要素如价值形态、管理方式、保管场所等均对应着不同要求，进而对如何科学有效管理的问题需要从整体着眼，合理整合要素，使其相互配合、相互衔接，从而保证文件价值的实现。尤其在电子文件出现之后，文件生命周期理论的指导意义更加突出。电子文件全程管理原则和前端控制原则就是源于对该理论的深刻认知和准确诠释。电子文件管理研究中提到的“全程”“全生命周期”“全过程”等说法都是秉承了文件生命周期的管理思想。此外，数据生命周期、软件生命周期等一系列相关理论也与文件生命周期理论进行了有效融合。国际档案理事会（ICA）在1997年发布的《电子文件管理指南》中正式提出电子文件生命周期理论，即电子文件生命周期理论从概念阶段、形成阶段、维护阶段三个阶段对电子文件生命周期进行划分，在很大程度上就是借鉴了软件生命周期的思想。

简言之，不论电子文件生命周期具体的表述如何，是否存在差异，有一点共识是不能忽视的，就是文件生命周期理论首要坚持的：文件的生命运动过程是一个整体。针对这个整体过程开展的管理活动就是全程管理。电子文件全程管理是指对电子文件从生成到永久保存或销毁的整个生命周期的全过程管理。这种全程管理体现为三个方面。一是对电子文件进行全面地管理，涉及电子文件的流程、管理规则、管理方法及质量要求。二是对电子文件进行系统地管理，注重电子文件生命周期内各个阶段所有管理活动和管理要素的统筹兼顾，强调各项管理内容和要求的无缝衔接、系统整合和整体效应。三是对电子文件进行全过程地管理，通过过程控制实现结果控制，[①] 又经反馈优化过程，形成闭环管理，即监控电子文件的生成、流转、保管、利用等每一项具体管理活动的实施过程，确保电子文件的管理质量。

提倡对电子文件进行全程管理主要是因为在实践中往往囿于传统孤立管理的思想对电子文件进行分段管理，前端业务部门和后端档案管理部门对电子文件的理解和管理要求各不相同，导致电子文件管理的质量和效率受到影响，电子文件的数据资产价值无法实现。长期以来，为了保障电子文件的全程管理，提高电子文件管理的质量和效率，我们把主要的关注点放在连接业务部门和档案部门的关键环节即电子文件归档环节方面，制定了一些标准和规范，如《CAD 电子文件光盘存储、归档与档案管理要求》（GB/T 17678–1999，共 2 部分）、《电子文件归档与电子档案管理规范》（GB/T 18894–2016）等，来确保电子文件前端与后端管理的顺利对接。这种建立相关接口、倒逼业务部门进行电子文件管理的思路虽然可以在一定程度上规范电子文件的管理步骤和过程，但是也存在一定的局限性。例如，电子文件的全程管理只是纸质文件管理的数字化模拟，电子文件管理的数据价值没有得到彰显，业务部门难以从管理电子文件中获取价值，就不会真正参与到电子文件管理中来，从而影响电子文件的全程管理，出现后端发力但前端懈怠的问题，无法从根本上提高电子文件的管理质量和效率。

理论与现实的差距让我们不得不反复强调全程管理的重要性和意义，尤其在失去纸质档案的“双轨、双套保障”的电子文件单轨制环境中，其意义和作用更加凸显。

值得一提的是，前文已经论及了电子文件与数据、电子文件管理与数据管理

① 郑伽．电子文件的全程管理与前端控制的比较研究［J］．北京档案，2017（10）：19–22.

的关系，其实电子文件管理和数据管理都非常强调全生命周期的管理，这亦是二者具有的重要共性之一。《DAMA 数据管理知识体系指南（原书第 2 版）》在数据管理原则的第 10 条指出："数据管理需要全生命周期的管理，不同类型数据有不同的生命周期特征。"[①] 因此，本书力图将生命周期即全程管理的思想进一步落地，将其贯穿于后文论述的理念、模型、系统、方式方法、制度环境等多个维度之中，从而实现电子文件单轨制的目标。

4.3 本章小结

作为整个研究的逻辑起点，本章对研究中将要使用和涉及的主要概念与理论进行了一一的梳理和描述。基本概念的解析是针对本书题目中的关键词加以界定，给出明确的解读，圈定研究的内涵、外延及定位。基本理论是后文研究成果的重要支撑，其思想在理念、原则、目标和模型中都有明确的体现。数字转型、数据资产理论属于新引入理论，文件生命全周期属于继承发扬性理论，这些理论都是紧紧围绕电子文件单轨制管理的特点与需求，能够有效地指导实践而选择的。

① ［美］DAMA 国际著，DAMA 中国分会翻译组译 .DAMA 数据管理知识体系指南（原书第 2 版）［M］. 北京：机械工业出版社，2020.

第五章　工程项目电子文件单轨制管理的基本理念与参考模型

理念是实施电子文件单轨制管理的核心软要素，理念创新是科学精神的本质特征。后科学时代，一定是以处理更大数据量和信息量为特征的时代。与传统纸质等实体档案相比，电子文件是海量、复杂、动态、易变的全新记录形式。数字的对象一定要用数字的方法来管理才能相得益彰，包括但不限于管理对象的数据化以及管理理念、管理流程、管理方法、管理平台的数字化等。因此，本章在吸纳数字转型、数据资产管理等相关理论的基础上，结合管理对象及管理目标的变化，提出适用于电子文件单轨制管理的全新理念——“数据化”。

5.1 数据化——电子文件单轨制管理的基本理念

澳大利亚国家档案馆于 2015 年 7 月发布的《数字连续性政策 2020》(Digital Continuity 2020 Policy)[①] 中曾论及，“各机构将把自己的信息作为资产进行管理，确保在需要的时间内创建和管理信息，同时考虑到业务和其他需求及风险。机构将过渡到完全数字化的工作流程，这意味着包括授权和批准在内的业务流程将以

① National Archives of Australia. Digital Continuity 2020 Policy［EB/OL］.［2022-5-20］. http：//www.naa.au

数字方式完成，信息将以数字格式创建和管理。各机构将拥有可互操作的信息、系统和流程，这些信息、系统和流程符合短期和长期管理标准，可以提高信息质量，并使信息能够便捷高效地被发现、管理、共享和重用。”要达到此目标，必须遵循以下三个原则。

（1）原则一——信息是有价值的

澳大利亚政府信息是英联邦的关键战略资产和经济资源。信息与财务、财产和设备一样重要。它为公共政策和辩论提供信息，确保问责制，并证明政府如何开展业务。

数字信息能够更高效地提供数字服务，增加信息共享的机会，并可以改善业务决策。它还为流程和服务的重新设计与创新创造了新的机会。作为战略资产管理的数字信息使澳大利亚政府的数字转型计划成为可能，并确保满足其他机构治理要求，包括安全、隐私、质量和可访问性要求。

当信息被合理地创建、管理、描述和存储时，信息的潜在未来价值就会增加。信息的未来价值取决于其使用、重用和共享的能力。相比之下，管理不当的信息更有可能变得不可读、不可用或丢失，并且未来的潜在用途和价值有限。

（2）原则二——信息的数字化管理

开发端到端的数字工作流程为机构提供了机会，以建立更成熟、更高效的程序和服务，直接有效地吸引公众，同时提供流程改进和创新的机会。

创建和收集数字信息并以可访问的数字形式保存这些信息的工作流程可以提高生产率，并对客户和政府行为做出更好的响应。以数字形式保存的数字信息更易使用，更容易共享，成本更低。

以纸质和其他模拟形式保存的数字信息可能会导致效率低下，如不必要的复制、增加的存储成本，以及不可靠或不可访问的信息，这些信息无法轻松找到，也无法经济高效地共享或备份以实现业务连续性。

（3）原则三——信息、系统和流程可互操作

澳大利亚政府的数字转型举措将使政府服务更简单、更快、更易于使用。这些举措是通过可互操作的信息、系统和流程实现的，这些信息、系统和流程可以降低成本，更容易共享信息，提高信息质量，减少不必要的重复，并减少政府结

构变化的影响。

实现可互操作的信息、系统和流程需要时间，并且需要从初始阶段就规划、设计和集成互操作性。这项工作已在整个政府和跨机构层面展开，但仍有许多工作要做。

各个机构通过确保信息系统的互操作性，以及按照政府认可的标准创建和管理，来支持数字转型计划。

澳大利亚政策文本中提到这三个原则抓住了数字化管理中的“关键点”，原则一是针对信息本身，赋予信息资产价值，明确了其对于政府机构的重要作用和意义；原则二是针对信息的管理，即以数字化的方式管理，说明了以数字化方式管理信息的益处；原则三是针对信息的共享利用，强调只有打通信息、系统和流程各个层面以及相互之间的通道才能最大限度实现信息的价值以及数字转型的最终目标。

然而，澳大利亚数字连续性政策的关注点“数字化”与本书提出的“数据化”还是有区别的。有学者认为，“数字化是指将许多复杂的、难以估计的信息通过一定的方式变成计算机能处理的 0 和 1 的二进制码，形成计算机里的数字孪生。如果说信息化是物理世界思维模式，那么数字化就是通过移动互联网、物联网、区块链、AR 等这样的数字化工具来实现更宽更广的数字化世界。物理世界正在被重构，并一一搬到数字化世界当中，这个过程是技术实现的过程，更是思维模式转变的过程。数字化带来了数据化，数据代表着对某一件事物的描述，通过记录、分析、重组数据，实现对业务的指导，这就是‘数据化’。如果说信息化和数字化更偏向于系统性概念，那么，数据化则更多地是涉及执行层的概念，一切业务数据化。以数据分析为切入点，通过数据发现问题、分析问题、解决问题，打破传统的经验驱动决策的方式，实现科学决策。”[①] 这段论述明确地指出了数字化与数据化的联系与区别，并阐明数据化概念的关键点：数据化是数字化的结果，是信息时代数字技术大量运用的必然产物；数据化与业务活动密切相关，并对其产

① 信息化 VS 数字化 VS 数据化［EB/OL］.［2022-09-01］.https：//wenku.baidu.com/view/eeecc1170342a8956bec0975f46527d3250ca6e1.html

生驱动和支撑作用。

关于数字转型与数据化转型之间关系。姜浩在其著作《数据化：由内而外的智能》有较为详尽的专门论述，他认为数据化与数字化不是对立的关系，而是同根同源，数据化是数字化发展的新阶段。数据化是指对连续的数字比特流进行分割与组合，使之实现结构化和颗粒化，最终形成标准化、非线性数据对象的过程。实质上，数据化就是数字态转化为数据态的过程，通过对信息进行结构化标识，将数据从不存在的地方提取或生成出来，从而以数字形态记录一切事物及其之间的联系。数字时代，数据的价值由基本用途转变为未来的潜在用途，这一转变影响并改变了组织看待和使用数据的方式。数据化则是数据成为人类社会实践必不可少的工具前的必经过程。[①] 本书认可此种观点。数据自古有之，但只有到了大数据时代，数据在数字技术广泛应用的环境下数量暴涨且对人类社会开始产生广泛深刻影响，其作用和影响力才凸显，数据才在数字范畴中显示出其独立性，这也就是本书自序中提到的“第三个世界”。孙新波等所写的《数字化与数据化——概念界定与辨析》一文中写道：“数据化和数字化不是对立的，数据化是数字化的子集，数字化是数据化的一个必经阶段。相比于数字化对信息技术的侧重，数据化着重关注信息内容及形态。数据化强调的是一种记录、量化、分析的思维，其甚至先于信息技术存在。数字化为大数据提供了技术条件，但大数据发展的核心动力来源于人类测量、记录和分析世界的渴望，也就是对数据化的需求。最后，从科学哲学的角度来看，科学的本质就是数据化，科学化的过程与数据化的进程是同步的。”[②] 电子文件是记录型数据，电子文件单轨制是档案工作数字转型的核心，因此，本书认为将“数据化”作为指导电子文件单轨制管理的新理念更为合适。

电子文件单轨制管理“数据化”理念的明确提出在国内尚属首次。之所以在研究主体部分首先探讨理念问题，还有一个重要的原因在于在前文的文献研究与实践考察调研中都暴露出一个关键的问题，即理念问题，或者通俗地说是观念问

① 姜浩．数据化：由内而外的智能［M］．北京：中国传媒大学出版社，2017.

② 孙新波，孙浩博，钱雨．数字化与数据化——概念界定与辨析［J］．创新科技，2022，22（06）：12–30.

题。现有的大多数研究,其研究视野仍然局限在对文件这个概念的传统解读之上,所以所谓的技术对策、管理革新都仍只是换汤不换药的旧东西或治标不治本的权宜之策。既有的理论和实践都已经证明了理念不转变，任何单纯方法上的改变都会遇到瓶颈或者是难以逾越的鸿沟，最终导致转型不彻底、不成功。“理念为先、方法为要”，理念的转变才能最终促使学科范式的转型和新范式的诞生。在新理念指导下，诞生的模型亦不是经验的总结，而是经验的升华。

因此，本书认为工程项目电子文件单轨制管理应遵循“数据化”理念这一基本立足点。孙新波等将数据化界定为，“对信息进行结构化、颗粒化处理，使之成为标准化数据对象的过程，是数据产生价值的基础。”本书将其作为理念，认为电子文件单轨制“数据化”理念是指在理念层面上强化电子文件的数据属性与特征，并以此指导电子文件单轨制管理活动，使其最大程度地契合业务和管理需求，从而达到既定的管理目标。在数据化管理理念的指导下，电子文件单轨制管理可以顺畅地与数据管理、数据资产管理融合，在坚持文件档案管理基本原则的基础上，更好地贯彻、实施符合数据特征和需求的管理模型与方法，更好地运用信息技术手段，挖掘、释放电子文件作为重要数据资源、数据资产的价值。电子文件单轨制管理其本质是一场档案管理的革命。纵观历史，革命就意味着理念的革命与转型，以及由此引发的文明和价值观的转型。无论在哪个层面，电子文件单轨制管理都意味着档案学范式的转变，标志着档案工作数字转型阶段中的数据化转型阶段。

5.2 工程项目电子文件单轨制管理参考模型

自电子文件出现之后，国家制度文本关于文件与档案概念的描述就出现了重要的变化——属概念的变化。最新发布的关于电子文件、电子档案的政策法规标准中，均将电子文件的属概念定义为信息记录，而对于传统实体档案则为历史记录。属概念的变化无疑是人们对电子文件不同于以往的新特征的更准确认知。信息是客观事物向人类传递的、可被人类感知的表达。信息是有意义的数据集合，而数据则是最原始、本质、底层的信息。本书提出电子文件单轨制管理的数据化理念，就是为了还原电子文件作为信息记录的状态，这种向下解析式的还原，类似生物学将生物还原为细胞质、细胞核的集合，物理学将物质还原为原子、分子。

无论何种领域开展电子文件单轨制管理，其理论层面的概念与逻辑都是相同的。因此，本书提出的数据化理念及其解析阐述的四个方面可以构成电子文件单轨制管理参考模型，该模型可以作为构建档案学新范式的一次有益尝试。

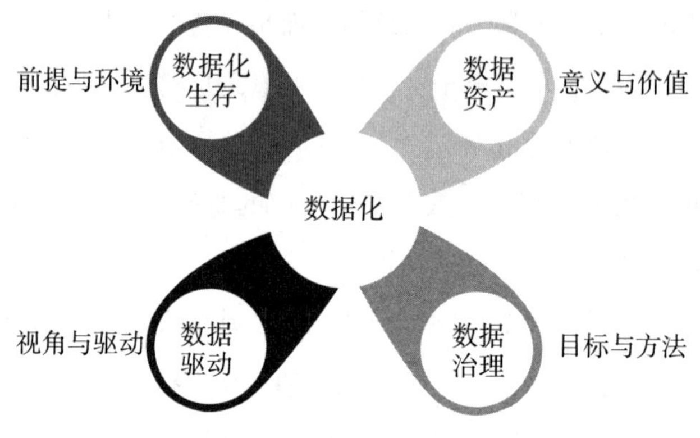

图 5-1 电子文件单轨制参考模型

电子文件单轨制管理的数据化理念以及由此产生的数据化转型，按照其逻辑递进关系，可以细分为数据化生存、数据资产、数据驱动、数据治理四个层面。这四个方面构成了其参考模型，具体内容阐释如下：

5.2.1 数据化生存——前提与环境

美国学者尼葛洛庞帝在其 1996 年出版的《数字化生存》一书中首次提出了“数字化生存”的概念，按照他的解释，人类生存于一个虚拟的、数字化的生存活动空间中，在这个空间里人们应用数字技术（信息技术）从事信息传播、交流、学习、工作等活动，这便是数字化生存。[①] 而“数据化”这个概念，虽然有些学者已经开始在用，但是对其含义不置可否。姜浩在维基百科上创设了“数据化”词条，并在维基词典上添加了对应这个独特中文术语的英文新词“Datumization”。前文已经提到过，数据化是一个具有中国特色的术语，不论其英文是否存在对应，提

① 尼葛洛庞帝著，胡咏译．数字化生存［M］．海口：海南出版社，1997.

出这个概念，其本质在于强调数据的重要性，强调数据化是数字转型、数字化转型未来最有意义的发展方向。

在档案学领域，我们提出的"数据化生存"旨在阐明这样一个事实，电子文件单轨现象的出现，可以视为信息时代或者大数据时代生存环境或生存结构的"逼迫"，是由于世界分化演进的加速，导致信息爆炸，促使大数据产生、处理成为生存之必须，进而带动信息技术的普及与不断迭代，并逐渐取代传统实体信息现象，成为未来生存与发展的主流趋势。在这种趋势下，适应新环境的自然选择结果就是必须要更新观念。以往文档管理的理念不是数据化，而是文件化。文件化重在将记录看成了一个固定的且成型的实体，并充当业务办理的工具和证据留存的载体。电子文件在出现伊始，国际档案界就曾经尝试从不同于以往的、解析的角度对其进行定义，也就是我们现在普遍接受的说法：电子文件是由内容、结构、背景三个部分构成。其实这种新的解析式定义已经带有了"数据化"色彩，只是并没有被进一步引申到电子文件单轨制管理当中并提升到理念层面。正如本书序中所言，传统文档管理基本上是停留在固化、具象化层面，通过不断地积累而形成经验式手工管理模式。而电子文件的数据本质，强调的是更为底层和基础的数据要素，它们不再是稳定且唯一地绑定在一起，不再具有一成不变的格式和面貌，而是各种分散的数据要素通过软硬件的处理而展示出来的虚拟文件。对于这种虚拟文件的管理就不能一味地按照具象的实体进行管理，而是要细化成要素并加以逐一的认定。

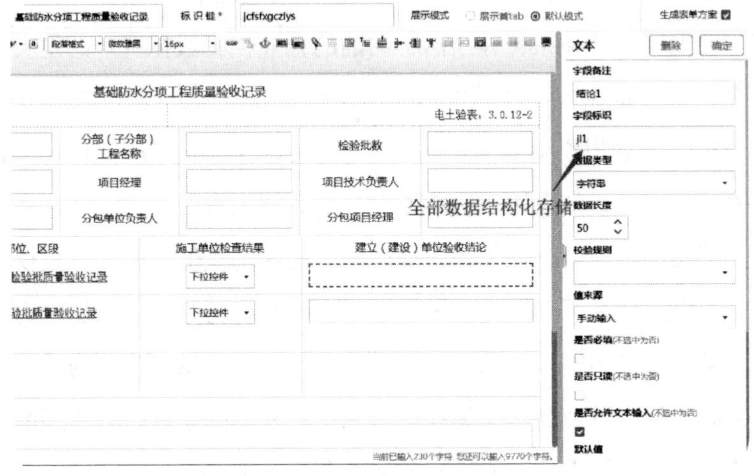

图 5-2　电子文件的数据化结构示意图

信息时代催生了电子文件，而大数据时代则让电子文件单轨制管理成为社会进化的“自然选择”。那么，只有适应数据时代这个新环境的理念才能让适者生存下来。数据化理念应用于电子文件单轨制管理，不但可能带来档案学范式的革新，也可能由此促生新的档案文化——档案数据文化。有学者认为，在人类这种智能生命的出现和演化的整个过程当中，文化的出现和发展，其实都是建立在记忆的形成、存储和依赖这个基础上完成的。档案现象实际上是这种底层现象的一种社会表现。这种社会表现必然会受到当时的社会制度、理念包括技术等诸多因素的影响，从而产生管理范式（或模式）的更迭演进。数据化理念指导下的电子文件单轨制管理正是这种历史演进的必然结果，但它不会改变档案作为社会记忆的记录承载体的底层本质。

上面的论述从宏观层面说明了电子文件单轨制管理产生和发展的前提与环境，数据化生存是文档管理在大数据时代的现世形态和生存状态的精确描述，是电子文件单轨制管理的逻辑起点。而数据化是引导电子文件单轨制管理走向正常生存状态的重要理念。

5.2.2 数据资产——意义与价值

数据资产可谓是当下比较热门的话题。然而本书提出该理念命题是基于严密的逻辑思维与推理,而不是盲目的跟风。作者在《档案学研究》2017 年第 6 期《企业档案数据资产概念的辨析与确立》一文中曾详细论证了企业档案与数据的关系、企业档案与数据资产的关系，并给出了明确的企业档案数据资产的定义“企业档案数据资产，是在企业各项活动中形成的，归企业所属并受控的，归档保存的、能够为企业未来发展提供信息支持并产生效益的企业核心数据资源”。具体内容在此不再赘述，本书仍然采用“企业档案是企业数据资产”这一结论作为研究的基本前提。档案学很早就有关于档案资产价值的讨论，但彼时的讨论仅限于其资产形态是有形资产还是无形资产。那么今天将档案视为数据资产加以讨论，究其根源在于人类社会已经进入信息社会的大数据时代，信息成为与物质、能源并存的第三大资源，信息及数据对人类社会“无孔不入”的渗透影响并逐渐改变了人们工作与生活的行为模式、方式，甚至是观念、文化。

MBA智库·百科将信息资源定义为“信息资源是企业生产及管理过程中所涉及的一切文件、资料、图表和数据等信息的总称。它涉及到企业生产和经营活动过程中所产生、获取、处理、存储、传输和使用的一切信息资源，贯穿于企业管理的全过程”。[①] 从该定义可以看出，文件档案的信息（数据）属性开始得到普遍的认知，并且被认定为企业信息资源的主要组成部分。而此时此种档案认知的形成正是由于电子文件的出现。信息技术的高速发展让越来越多的行为、事实以电子的形式被记录下来从而形成了大量的电子文件（即电子记录）。涂子沛在其著作《数据之巅》中说：“大数据的出现，是人类大量记录世界的结果。”[②] 记录数据是大数据的主体。电子文件以前所未有的速度正在替代并超越原有的实体文件档案成为文件档案的主要客体形式和数据的承载体。正是因为电子文件的出现，才让文件档案与信息、数据建立了如此紧密的关联，档案定义中的属概念亦由历史记录转变为信息记录。“电子文件是企业核心数据资产”的结论自然而然地就可以由此得出。中国信通院《数据资产管理实践白皮书（6.0版）》给出的数据资产（Data Asset）定义亦可证明此点。[③]

将“电子文件是企业核心数据资产”确立为电子文件单轨制管理数据化理念之下的价值观阐述，原因在于：只有将电子文件视为企业核心数据资产，才能从数据资产角度重新认识企业文件档案现象，才能彻底克服档案工作中存在的观念守旧等诸多难题，为电子文件单轨制铺平道路；才能为档案工作数字转型确立正确的发展目标，改变传统的管理模式与方式，并与企业数字转型、业务数字转型高度融合；才能重新审视文件档案的价值，盘活企业文件档案资源，使蕴含在企业文件档案之中的巨大能量得以充分发挥，真正地实现数据赋能业务的重大价值，成为企业在数字时代得以蓬勃发展的资产支撑和资源保障。

① 信息资源．引自百度百科［EB/OL］．［2022-06-20］.https：//baike.baidu.com/item/%E4%BF%A1%E6%81%AF%E8%B5%84%E6%BA%90/1060070？ fr=aladdin.

② 涂子沛．数据之巅：大数据革命——历史、现实与未来［M］．北京：中信出版社，2018.

③ 数据资产是指由组织（政府机构、企事业单位等）合法拥有或控制的数据，以电子或其他方式记录，如文本、图像、语音、视频、网页、数据库、传感信号等结构化或非结构化数据，可进行计量或交易，能直接或间接带来经济效益和社会效益。

建立数据资产价值观，同时意味着电子文件单轨制管理需要吸纳数据资产管理的路径与方法。从数据到资源再到资产是个逐步递进的过程，也是所谓的资源化、资产化。这种转变需要借助数据管理、分析挖掘，才能提高数据的价值密度。《数据资产管理实践白皮书（6.0 版）》指出："数据资源化通过将原始数据转变数据资源，使数据具备一定的潜在价值，是数据资产化的必要前提。数据资源化以提升数据质量、保障数据安全为工作目标，确保数据的准确性、一致性、时效性和完整性，推动数据内外部流通。数据资源化包括数据模型管理、数据标准管理、数据质量管理、主数据管理、数据安全管理、元数据管理、数据开发管理等活动职能。数据资产化通过将数据资源转变为数据资产，使数据资源的潜在价值得以充分释放。数据资产化以扩大数据资产的应用范围、厘清数据资产的成本与效益为工作重点，并使数据供给端与数据消费端之间形成良性反馈闭环。数据资产化主要包括数据资产流通、数据资产运营、数据价值评估等活动职能。"① 将数据资产价值观融入电子文件单轨制管理对于完善电子文件数据资源建设、增强其开发力度、扩展价值释放空间具有至关重要的意义。

5.2.3 数据驱动——视角与驱动力

大数据时代，"数据驱动"概念已经被各行各业广泛认知，其在数字转型过程中的重要性日益凸显。但作为新生事物与新理念，认同与落实之间还是存在相当的差距，需要逐步地探索、实践、验证与完善。在档案领域，电子文件单轨制是目前档案工作数字转型的主要目标和发展方向，然而在推进过程中存在着诸多的障碍与问题，其中"如何真正地实现电子文件的前端控制与全生命周期管理"是最为突出的问题之一。全生命周期管理（即全程管理）是电子文件管理秉持的首要原则，亦是电子文件单轨制的应有之义。在传统业务流程驱动的视角与观念下，业务流程与档案管理流程很难有效整合，尤其是业务系统作为电子文件形成的初始环境，在与档案管理系统对接过程中亦存在种种困难，如电子文件数据及

① 中国信息通信研究院云计算与大数据研究所．数据资产管理实践白皮书（6.0 版）［R］．北京：中国信息通信研究院，2023.

其元数据标准不统一等，档案管理要求很难有效地由后至前“倒逼”业务活动。《“十四五”全国档案事业发展规划》明确指出：“新一代信息技术广泛应用，档案工作环境、对象、内容发生巨大变化，迫切要求创新档案工作理念、方法、模式，加快全面数字转型和智能升级。”因此，在信息社会全面进入数字转型的阶段中，要想实现档案工作的数字转型与电子文件单轨制管理的顺利实现，必须打破传统思维的桎梏、更新观念，探索新的符合时代发展需求的可行之路。

5.2.3.1 企业业务活动驱动力的发展阶段

在企业管理领域，驱动业务活动开展的动力历经了四个发展阶段：第一个阶段是职能驱动阶段，即遵循亚当·斯密的劳动分工思想来建立和管理企业，将工作分解为最简单和最基本的步骤，根据这些步骤来划分职能，用职能来驱动生产和管理。第二个阶段是业务流程驱动阶段。管理大师迈克尔·哈默和詹姆斯·钱皮将业务流程定义为企业中一系列创造价值的活动的组合，“我们定义某一组活动为一个业务流程，这组活动有一个或多个输入，输出一个或多个结果，这些结果对客户来说是一种增值。”并在此基础上形成了流程驱动的理念。流程驱动就是通过对业务流程的梳理和再造、优化流程从而提高企业管理效益，实现企业管理目标的过程。第三个阶段是信息系统驱动阶段。在业务流程的基础上，办公自动化（OA）、物料需求计划（MRP）、企业资源管理系统（ERP）等信息系统不断涌现，完成了业务流程从线下到线上的转移，并使管理更复杂的流程成为可能，从而不断让业务流程更加清晰化、精细化、规范化和专业化。

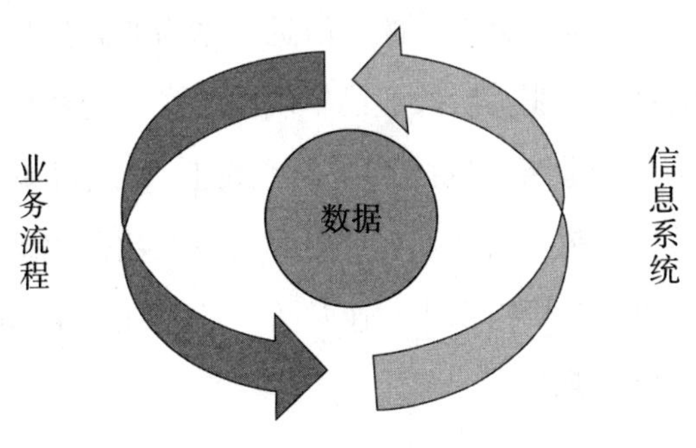

图 5–3　信息系统驱动阶段示意图

信息系统是业务流程的电子化存在方式，是信息社会机构开展业务活动不可或缺的技术工具，业务活动及其流程通过信息系统的各项功能得以实现并顺利开展。在此阶段，信息系统借助技术工具不断地优化、细化业务流程，提高管理的效率和效益。同时，在此过程中，大量数据不断被积累下来，这些数据是业务流程的记录和凭证，是业务开展的凭借工具和证据形态，包含着丰富的数据价值。正是在信息系统大量被应用于业务活动的背景下，数据逐步独立于信息系统成为独特且不可替代的重要资源，成为机构作出决策的主要动力要素，数据驱动理念应运而生，并成为企业业务活动驱动力发展的第四个阶段——数据驱动阶段。图5–4所示为典型的数据驱动决策的过程，即数据驱动以系统内产生的数据为基础，以挖掘建模等为手段，对数据进行整合和利用，最后输出的是一系列规则。

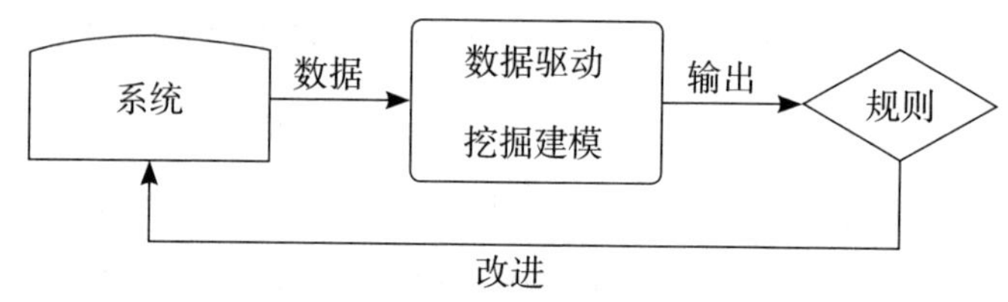

图 5–4 数据驱动决策示意图

无论何种机构，本质上都是以“信息为基础的组织”。只不过在社会发展的不同阶段，信息或者说数据所产生的影响力、作用及价值的大小不同。信息社会中的机构,其组织和管理因信息技术的大量应用而发生了巨大的变化。迈克尔·哈默（Michael Hammer）在《哈佛商业评论》中指出，组织在以信息为中心重新整合组织本身时，大多数管理层次都成为多余的设置。人们发现，大多数管理层次只是信息的中继站。[①] 从这个意义上说，信息技术为业务流程优化提供了实现的可能性与可行性，信息系统驱动阶段业已体现出信息系统对机构职能、业务流程的巨大影响力，机构各种业务活动陆续搬到“线上”，通过系统中的流程设计完成对业务活动的执行与控制。而进入大数据背景下的数据驱动阶段，数据作为信息的基本承载物，不但将对机构职能、业务活动的实现产生影响，还将对信息系统的建设提出新目标和新需求。

① ［美］彼得·德鲁克．巨变时代的管理［M］．北京：机械工业出版社，2006.

值得说明的是，关于信息与数据的关系曾有过经典的“金字塔模型”等诸多论述。尽管这些论述的具体表达各不相同，但本书更认可前文引用的《DAMA数据管理知识体系指南（原书第2版）》对于二者关系的说法。信息与数据之间是相互关联的，数据经过加工处理后可以成为信息，而信息需要经过数字化转变成数据才能被表示、记录、存储和传输。因此，从记录的角度而言，数据是反映客观事物属性、状态的记录，是信息的具体表现形式，信息则是数据这种记录物的内容。从信息系统驱动阶段发展到数据驱动阶段，既表明二者之间的承接递进关系，同时也证明了数据相对于信息系统的独立性日益增强，其价值空间逐渐扩大，可以对信息系统产生“反向”影响力，恰恰是这种反向影响力可以引领信息系统建设乃至业务活动走向更高阶的发展阶段。

5.2.3.2 数据驱动的概念

数据驱动并不是一个新词，从中国期刊网上可以追溯到最早提及数据驱动的文章发表于1979年，早期对数据驱动的研究主要集中于计算机、自动化领域。随着大数据时代的来临，数据在社会活动中的作用凸显，关于数据驱动的研究再次兴起并被赋予了更加丰富的含义与更加广阔的应用前景。

2011年，全国科学技术名词审定委员会公布的《语言学名词》中将数据驱动定义为“一种问题求解方法。从初始的数据或观测值出发，运用启发式规则，寻找和建立内部特征之间的关系，从而发现一些定理或定律。通常也指基于大规模统计数据的自然语言处理方法。”[①] 这是关于数据驱动的一般性且略带抽象的解释，但它指明了所谓数据驱动的基本特征，即数据是开展活动的基本出发点，问题的解决是以数据为工具和途径的。此外，数据驱动的定义在计算机科学领域较为常见，比较典型的定义为“以数据设计为核心的开发方式，首先建立数据源（Data Source），然后根据业务对象模型进行数据库关系设计，在此基础上根据业务场景构造数据集（Data Set），最后对数据集进行各种更新和展现操作。”[②] 从该定义

① 术语在线［EB/OL］.［2021-12-16］.http：//www.termonline.cn

② 全国科学技术名词审定委员会.计算机科学技术名词（第三版）［M］.北京：科学出版社，2018.

可以看出，数据驱动意味着业务活动均以数据为中心，贯穿进行。

而今，随着大数据的兴起，数据驱动概念越来越被人们所关注并频繁“跨界”使用，其内涵更加丰富。鉴于目前关于数据驱动并没有统一的定义，大多数定义都是基于不同的专业背景和研究领域。本书选取了以下五种定义描述作为示例：

（1）美国学者福斯特·普罗沃斯特（Foster Provost）和汤姆·福西特（Tom Fawcett）将数据驱动决策（data-driven decision）定义为“将决策建立在对数据的分析之上，而不是纯粹基于直觉的实践”。①

（2）黄炜等认为数据驱动是通过信息系统等软件采集海量数据，组织数据形成信息，整合和提炼相关信息，在数据基础上经过训练和分析形成自动化的决策模型。数据驱动的核心是通过业务分析和数据推理，透过业务现象看到业务产生的数据及数据结构、含义和语义。通过对业务形成数据的高度抽象，形成结构稳固、标准统一的数据对象模型，数据对象模型是构建数据驱动型系统的基石。②

（3）侯忠生等提出数据驱动思想强调数据密集性，要求组织具有大数据思维和大数据技术，通过数据获取、数据集成、数据挖掘与分析、数据利用与反馈等环节实现基于数据的诊断、评价、监控、预测和优化等各种功能，并支持科学决策。③

（4）张耀铭等认为数据驱动是通过移动互联网或者其他的相关软件为手段，对海量数据收集、整理、提炼并总结出一套规律，这一规律在数据的基础之上经过训练和拟合形成辅助决策模型。④

（5）欧阳剑等认为数据驱动型智库是指运用大数据、云计算等技术，以数据为生产资料，以数据驱动为决策模型，将海量、动态、多样的数据有效集成

---

① Provost F， Fawcett T. Data science and its relationship to big data and data-driven decision making［J］.Big Data，2013，1（01）：51–59.

② 黄炜，张皓，丁刚．施工企业智慧建造集成系统数据驱动实现研究［J］．施工技术，2020，49（24）：4.

③ 侯忠生，许建新．数据驱动控制理论及方法的回顾和展望［J］．自动化学报，2009，35（06）：650–667.

④ 张耀铭．人工智能驱动的人文社会科学研究转型［J］．高等学校文科学术文摘，2019，36（05）：2.

为有价值的信息资源，推动精细化和科学化决策，其核心是描述数据内容，揭示数据内容之间的关联，发现数据内在规律，为智库决策者提供所需的信息和辅助参考结论。[①]

综观上述数据驱动概念的发展不难看出，虽然数据驱动经历了从“专有名词”到“普适名词”的过程，但其定义体系包含了一些共同、相似的特征点，即数据达到一定数量级别且要被科学地管理；能够通过借助信息工具对数据进行组织、分析挖掘使其成为业务活动（包括决策）执行的基础和依据。

5.2.3.3 数据驱动视角下的电子文件单轨制

电子文件的本质是数据，是记录型数据。《电子文件归档与电子档案管理规范》（GB/T 18894–2016）将电子文件定义为“国家机构、社会组织或个人在履行其法定职责或处理事务过程中，通过计算机等电子设备形成、办理、传输和存储的数字格式的各种信息记录。”[②] 该定义将电子文件的属概念界定为信息记录，信息表明其内容属性，记录表明内容的呈现和承载属性，同时用数字格式加以界定，恰好证明了电子文件是具备信息内容的数据。而电子文件单轨制即指“在数字环境中仅以电子方式运行和保存电子文件的全流程，包括生成、办理、归档管理、移交、保存和利用等业务活动，即文件、档案的全程无纸化，而不再同时生成、办理和保存纸质文件”。[③] 基于上述理解，本书引入数据驱动视角，旨在将电子文件数据从过去“被动存储”的状态向“驱动力”状态转变。因此在电子单轨制环境中，数据驱动是指以业务活动中生成的电子文件数据为基础，通过对电子文件数据的收集、管理、分析与发掘，形成贯穿于业务全过程的电子文件数据流，为业务活动和电子文件单轨制全程管理赋能，推动二者的协同开展和高度整合，从而提升机构的业务效能，助力机构档案工作及整体的数字转型。

转变管理视角、更新观念是当前机构及其档案工作开展数字转型的必要前提，

① 欧阳剑，周裕浩．数据驱动型智库研究理念及建设路径［J］．智库理论与实践，2021，6（03）：9.

② GB/T 18894–2016，电子文件归档与电子档案管理规范［S］．北京：国家档案局，2016.

③ 冯惠玲．走向单轨制电子文件管理［J］．档案学研究，2019（01）：88–94.

也是快速、顺利推进电子文件单轨制的必然要求。电子文件单轨制管理的本质就是档案管理的数字转型。这种转型不是简单地使用信息技术形成、使用和管理文件，而是更加强调管理视角和管理目标的全新转化。虽然相对于传统档案管理理论而言，电子文件单轨制并不一定能构成全新的或革命性的学科范式。但不可否认的是，电子文件单轨制管理不是简单沿用或者套用，甚至是“换汤不换药”的档案管理信息化的简单升级版，更不是“上云上平台、智能化发展”就行了，而是真正展现数字转型的本质，遵循电子文件数据生成、运行、存储和利用的内在逻辑，将电子文件视为机构的数据资产，通过单轨制管理，为机构的生存、竞争与发展科学地管理其文档数据资产，提升工作效率，降低管理成本，扩大成本收益比，充分实现信息化价值。因此，要从根本上解决我国电子文件单轨制发展迟缓问题，就必须抓住核心问题，即观念。而观念的转变在管理上的主要体现就是管理视角的转变，因此，提出从数据驱动视角开展电子文件单轨制管理就是要将新的理念与管理方法进行有效融合，从而达到既定的管理目标。

数据驱动之于电子文件单轨制管理，既可以充当研究问题、解决问题的视角，同时也可以成为电子文件单轨制管理的理念——数据驱动理念。《电子文件管理教程》曾指出电子文件管理理念包括：法规遵从、业务驱动、资产管理、风险管理、全程管理、前端控制、集成管理与动态管理。当然对于电子文件单轨制而言，上述理念仍可适用，但在管理视角转变的条件下，业务驱动理念可以做拓展的理解与解读。

《电子文件管理教程》中提出的业务驱动理念，主要是为了解决传统手工状态下，“文件、档案工作过度专注于文件、档案自身的状态和流程，把文件、档案自身的需求作为全部管理活动的主要驱动因素，形成的一种内省的、封闭的思维模式和行为模式”问题而提出的。① 信息社会的到来和电子文件的出现对档案工作提出了新要求，业务驱动理念的确可以有效地解决档案工作长期处于后端的孤立工作状态，让文件管理与业务活动更加契合，更加适应电子文件全程管理需

① 冯惠玲，刘越男等．电子文件管理教程（第二版）［M］．北京：中国人民大学出版社，2017：47.

求。但随着信息技术发展程度的日益加深以及随之而来的大数据时代，文档工作的管理对象逐渐转变为各类电子形式的文件，其数据属性的重要性与价值日渐突出。钱毅认为，档案管理正进入档案对象管理空间的第三种形态，即数据态。数据态是"以数据驱动为核心特征的数据环境（新技术环境）"。[①] 同时，他指出，"由于新技术环境导致现在的系统更多地表现出数据驱动的特点，直接导致系统管理的信息从文件尺度降维到数据尺度，导致这类系统的归档对象颗粒度发生变化。这一变化是数字自身逻辑力量演化导致前端业务系统升级的必然结果，根据文件生命周期理论，前端变化必然传递到后端管理"。按照这个逻辑，由前端传递到后端的变化最终必然会贯穿于整个文件生命周期。也就是说，具有天然数据属性的电子文件，需要"降维"视为"数据体档案"，电子文件单轨制管理就是对具有文档属性的电子数据体进行档案化管理的过程，以数据驱动作为其管理视角与驱动力因此顺理成章。数据驱动不是对业务驱动的否定，而是顺应时代发展的一种提升，正如前文所言，业务职能与活动始终是机构存在的内在要素，业务目标与职能的实现亦是机构的根本任务，数据驱动并不代表为了管理数据而管理数据，而是通过对数据的有效管理与利用更好地服务于业务活动本身，带动并推动业务活动科学、高效地展开。《DAMA 数据管理知识体系指南（DAMA-DMBOK2）》第 9 章文件和内容管理中指出"文件和内容管理是指对存储在关系型数据库之外的数据和信息的采集、存储、访问和使用过程的管理。它的重点在于保持文件和其他非结构化或半结构化信息的完整性，并使这些信息能够被访问"。"如同其他类型的数据一样，文件和非结构化内容也应是安全且高质量的。确保文件和内容管理的安全性和高质量，需要可靠的架构和管理良好的元数据。"由此可见，电子文件作为企业非结构化数据、半结构化数据的主体，包括部分结构化数据，理应融入企业数据资产管理的框架之中。

提出数据驱动的意义在于它符合数据时代的发展趋势与特点，可以使电子文件单轨制管理更加契合业务活动数字转型与档案工作自身数字转型的需求，不但

① 钱毅．技术变迁环境下档案对象管理空间演化初探［J］．档案学通讯，2018（2）：10-14.

可以更进一步成为业务活动的推动力，优化业务流程与系统功能，“更是让文件档案数据回归到最本质、最核心的动因和目标，即参与和支持业务活动”①，从而获得更高层面的数据资产价值的实现。

简言之，数据驱动视角是形成以电子文件数据流为主要动力和抓手的电子文件单轨制管理理念。

5.2.4 数据治理——目标与方法

在企业的职能架构中，档案管理工作属于一种基础性职能工作，其源于档案是企业开展各项业务活动的直接记录与凭证，是日后查考备用和充当证据的主要依赖物。档案现象之于个人、机构乃至国家都是伴随人类存在发展延续的一种“永恒”现象。然而长期以来，对于档案与档案管理的认知存在着诸多误区，极大地阻碍了档案工作的发展。宫晓东认为：“长期以来，档案事务作为统治者管理社会的专属活动，一直被权力机构控制和垄断；在近现代社会的各类组织机构中，档案也大多作为高层管理者控制的一种历史记录，或束之高阁较少应用于现实工作中，或秘不示人；加之早期人类活动较为简单，合作协作方式较少，许多工作仅靠经验或口传身授的方法足以完成。这些情况导致档案现象与普通民众的日常生活和工作内容产生了隔阂。”② 因此，档案工作长期处于后端、孤立和隔离的状态。然而，电子文件的出现给档案工作提出了巨大的挑战，让档案工作存在的种种“痼疾”纷纷暴露出来。档案工作发展的历史证明，档案工作的每一次重大变革均源于管理对象的变化，电子文件作为即将替代传统实体档案的一种主流记录形式，决定了档案工作必须“应其所需”地进行变革。

2020 年 9 月国务院国资委办公厅下发《关于加快推进国有企业数字化转型工作的通知》③，要求各国有企业加快集团数据治理体系建设，提出构建数据治理体

① 冯惠玲，刘越男等．电子文件管理教程（第二版）［M］．北京：中国人民大学出版社，2017：48.

② 宫晓东．企业档案管理体系的建设与运行［M］．北京：中国工商出版社，2014：2.

③ 关于加快推进国有企业数字化转型工作的通知［EB/OL］．［2022-09-01］.http：//www.sasac.gov.cn/n2588020/n2588072/n2591148/n2591150/c15517908/content.html

系，“明确数据归口管理部门，加强数据标准化、元数据和主数据管理工作”“定期评估数据治理能力成熟度”。同时，“强化业务场景数据建模，深入挖掘数据价值，提升数据洞察能力”，提升数据服务水平。此外，提出了制定规划、协同推荐、资源保障对于工作顺利推进的重要性。[①] 由此可以看出，在大数据时代，数据作为企业主要的资产，其管理问题已经提到企业领导的议事日程。有学者认为，大数据发展方向可以定义为三层：大数据处理能力、数据资产管理、业务价值实现。[②] 那么，电子文件作为数字形态的企业核心数据资产，要打破传统的桎梏，就必须强化其数据属性，在企业的战略层面对电子文件进行数据治理，使其融入企业整体的数据管理体系框架，利用数据资产管理的理念和方法解决单轨制管理遇到的种种问题，在战略规划、制度、组织架构、系统建设、数据基础等各个层面打通横纵脉络，从而实现企业数据血液的顺畅流通，更好地服务于企业的发展战略和经营目标。

电子文件数据是企业非结构数据的重要组成部分，华能集团从电子文件数据与非结构化数据的紧密关联入手，率先将电子文件数据的管理与企业非结构化数据治理整合在一起，提出由顶层设计、数据治理环境、数据治理域和数据治理过程四部分组成的企业非结构化文档数据治理的总体规划，并以分级分类作为治理思路，从平台化、智能化和安全化三个方向入手提出实施高效非结构化文档数据治理的方法，为未来构建企业统一的数据基础平台奠定了坚实的基础。[③]

5.3 本章小结

本章创新地提出“数据化”作为电子文件单轨制管理的基本理念，并从事物内在发展逻辑的角度，围绕数据化理念，从数据化生存、数据资产、数据驱动和

① 中国信息通信研究院云计算与大数据研究所.数据资产管理实践白皮书(5.0版)[R].北京:中国信息通信研究院，2021.

② 高伟.数据资产管理：盘活大数据时代的隐形财富［M］.北京：机械工业出版社，2016：30.

③ 蒋术.基于非结构化数据管理平台的企业数字档案馆建设研究［J］.档案天地，2019，No.306（10）：39–41+34.

数据治理四个方面构建了电子文件单轨制管理的参考模型，明确了其对于电子文件单轨制管理的理论价值与指导意义。数据化生存描述了电子文件及其单轨制产生与发展的前提和环境——是人类社会发展到信息时代、大数据时代适应生存而自然选择的结果，是在原有实体档案管理的基础上进行的“变异”。对数据化生存的认知可以促进人们管理观念的变化，认清发展的趋势与需求，强化电子文件单轨制管理的合理性和必要性；数据资产是在信息成为资源、数据成为资产的大时代背景下，在传统文档价值描述的基础上将电子文件的价值与其关联，重新审视其价值可能性与潜力，数据资产价值的认定将极大提升档案管理工作在企业中的地位，摆脱固有落后价值观的桎梏和边缘化风险，为档案管理提供更大的发展空间；数据驱动作为视角和驱动力表达的是要立足电子文件的数据属性，并将其作为推动单轨制管理的驱动力，重新审视和思考电子文件作为一种特殊类型的数据管理问题，将数据作为构建电子文件单轨制管理模型、框架、搭建平台以及整合业务流程的基本立足点；数据治理既表达了电子文件单轨制管理需要达到的目标状态——被有效地加以治理；同时也意味着数据治理的一些通用方法是可以且必须运用到电子文件单轨制管理中，从而打通电子文件与数据管理的关卡，实现企业数据管理的统一。

第六章　工程项目电子文件单轨制管理的基本原则与目标

管理原则是理念在管理层面的具体阐释，电子文件单轨制管理的原则与《电子文件管理教程》中所规定的五项原则基本保持一致，但略有差异，主要体现在电子文件单轨制是更为纯粹的电子文件管理，是电子文件独立行使文件档案功能的管理模式，如果说电子文件管理可以区分不同发展阶段，电子文件单轨制管理则是其高阶阶段。所以，工程项目电子文件单轨制管理的基本原则将重点围绕数据化展开。

电子文件单轨制管理与业务活动数字转型是协同发展的关系。支持业务活动开展、满足业务需求、提升业务活动效能是电子文件管理始终秉承的宗旨。工程项目电子文件单轨制管理的基本原则既要考虑业务需求也要兼顾文件管理自身的需求。例如说到法规遵从，既指法律法规要求机构保留工程项目活动中的某些电子文件以及对可能作为法律诉讼证据的电子文件如何进行管理，又指电子文件管理要满足《档案法》法规中的四性质量标准等。因此，下文论述的工程项目电子文件单轨制管理的基本原则、目标和管理模型都是基于二者的综合考量而提出的。

6.1 工程项目电子文件单轨制管理的基本原则

工程项目电子文件单轨制的实现离不开工程项目乃至企业整体的业务框架。在推进电子文件单轨制时，绝不能将其视为一种独立的管理活动而孤立地去考虑其实现。很多并不成功的经验告诉我们，电子文件单轨制只有遵循电子文件作为业务活动记录数据的客观发展规律并迎合信息技术发展的大趋势，才能成功。

6.1.1 管理“四全”化原则

宫晓东在《企业档案管理体系的建设与运行》一书中曾开篇明义地指出:“档案工作有一个与生俱来的特点，即档案人员管理的档案，不是档案人员自己形成的；档案形成的状况，又极大地影响着档案工作的水平。”“档案管理具备全员性和全过程性的特征。档案管理的全员性，即指企业中凡与文件材料形成、办理、使用和归档相关的岗位任职人员，都具有合规合法地形成和处置文件材料的职责，企业应当将这类职责纳入其岗位责任制并加以考核。档案管理的全过程性，即指在企业各项工作的过程中，特别是在文件材料处理的关键性节点上，都应当有明确的管理内容和管理要求，以维护企业信息处理渠道的通畅与高效，从而保证企业活动的正常运行。档案管理的全员参与和全过程控制，是企业档案管理体系建设的基础和前提。”① 该论述正是针对传统企业档案管理工作的孤立状态而提出的解决方案，档案工作应该遵照档案形成的内在规律，从文件生命周期全过程的角度将档案工作进行合理延伸，延伸至全生命周期；将档案工作责任者的范围进行扩展，扩展到全员的范畴。电子文件的出现更是凸显了解决这一问题的必要性和重要性，并明确将全程管理和前端控制作为重要的管理原则提出来。如果进一步从数据化理解电子文件和电子文件单轨制管理，鉴于电子文件对工程项目活动的全面渗透，那么这种扩展需要进一步深化，即从对象、过程、系统和体系四个维度实行“全数据、全流程、全系统和全要素”化管理。

（1）全数据。数据在企业的数字转型中扮演了重要角色，当前电子文件单轨制的管理目标也逐渐转向“电子数据”，管理层级不断深入，管理难度不断加大。本书所指的“全数据”主要包括两个方面的含义，一是全流程的数据化；二是全类型的数据。首先，全流程的数据化方面，当前，工程项目在建设过程中所使用的如 OA 系统、财务管理系统、ERP 系统、项目管理系统、

① 宫晓东．企业档案管理体系的建设与运行［M］．北京：中国工商出版社，2014：3.

质检系统等各种业务系统以及手机、摄像头、无人机等各种终端设备在运行过程中均产生了大量的勘察、设计、施工等数据，这些数据既是建设工程项目的重要信息记录，也是企业数字转型不可或缺的核心要素。工程项目的复杂性决定了其生成数据的复杂性及管理难度的提升，且由于其涉及因素过多，传统的人工管理容易出现数据疏漏或管理不到位的问题，而全数据的实现一定程度上可以降低人工管理的成本，提高管理效率并能更大程度地发挥项目数据的价值。然而，虽然很多项目已尝试推行电子文件单轨制，以期实现全电子化，但实际运行过程中仍存在部分环节或流程生成大量纸质文件的情况，电子文件与纸质文件混合运行的模式成为企业当前推行电子文件单轨制的常态化现象。而对于原本已经归档保存的传统载体档案，大部分企业通常采用扫描的方式将其进行数字化并保存，无论是“存量数字化”还是“增量电子化”生成的电子文件，其本质上仍是传统档案管理工作的数字化，并未真正实现从数字化到数据化的转变，而这将难以实现电子文件的数据价值。现阶段，应该改变建设工程项目在生成电子文件过程中停留在“数字化”阶段的局面，逐步由“数字化”的初级阶段转向“数据化”[①] 的高级阶段，细化管理对象的颗粒度，由管理“主数据”逐渐向“全数据”过渡，为实现全数据目标打下基础。其次，全类型的数据方面，当前建设工程项目在实施过程中生成了包括传统类型如文本、图片、音视频等以及新的类型如数据库、CAD 文件、多媒体文件、网页链接等在内的结构化数据、半结构化数据和非结构化数据。数字经济时代下，企业数据量呈爆发式增长，其中非结构化数据占比逐渐增大，相较于结构化数据和半结构化数据，非结构化数据难以被理解且难以被标准化管理，但这并不意味着放弃对非结构化数据的管理。相反，无论是结构化数据还是非结构化数据，均是企业或项目在流转过程中形成的直接、原始数据记录，对于企业的建设和运转而言具有重要的价值。当前，对于结构化数据的管理已比较成熟，而对于非结构化的管理需要结合数据特点及需求进行积

---

① 钱毅．技术变迁环境下档案对象管理空间演化初探［J］．档案学通讯，2018（02）：10–14.

极探索，如张宁等（2020）提出可以从顶层设计、环境、框架以及过程等四个维度来开展非结构化文档数据的治理。[①] 当然，虽然现阶段存储技术已经逐渐完善，存储容量也逐渐突破了空间的限制，但这并不意味着“全数据”等同于“全部数据”，其仍然是指需要经过鉴定才进行归档保存的、与业务活动相关的、有保存价值的数据。即便是一般意义上的数据管理，其管理对象也不是全部数据。

（2）全流程。国家档案局在组织开展的多批单轨制试点项目中均将建立覆盖电子文件全生命周期的“全流程”管理体系作为试点的关键任务之一[②]，且通过对试点单位进行了解发现，“全流程”目标的实现贯穿于当前电子文件单轨制推行工作的全过程中，是目前各试点单位推行单轨制的重要目标之一。就微观层面而言，工程项目电子文件单轨制的实施应该以文件生命周期理论为前提，以“大文件观”为基础，借助前端业务系统及电子档案管理系统（或数字档案馆系统等），实现电子文件管理全流程的数据化、信息化和智能化。而从宏观层面而言，电子文件单轨制的实施推动了传统管理工作的变革，即意味着与其相关的流程要进行一定的调整，如删除、新增或修改。因此，其推行除了涉及电子文件本身这一管理对象及相关管理系统外，其他相关要素如管理人员、管理制度、管理体系等都应该进行一定的转变，将电子文件单轨制的相关要求及理念嵌入与其相关的所有要素中，真正实现电子文件的全流程管理，从而保障电子文件价值的有效发挥。如浙江湖州市水利局在推行电子文件单轨制过程中，利用数字档案馆及自身的水利系统，构建了“电子文件形成系统—电子文件统一管理平台—基层档案管理系统—档案馆管理系统”等不同层级平台所构成的全流程归档模式，实现了水利电子文件全生命周期的全流程管理，为水利电子文

① 张宁，冷秀斌，梁帆．企业非结构化文档数据治理探究［J］．档案学研究，2020（06）：97-103.

② 国家档案局办公室关于组织开展第三批建设项目电子文件归档和电子档案管理试点工作的通知［EB/OL］．［2022-04-09］.https：//www.saac.gov.cn/daj/tzgg/202110/f07bef0db0914491a16474d98c6651d5.shtml.

件利用效益的发挥打下坚实基础。[①]

（3）全系统。系统作为电子文件单轨制推行的重要工具和平台，对于企业的数字转型而言具有不可忽略的推动作用。当前，多数项目在推行电子文件单轨制时往往从系统入手，系统的引入和先进技术的应用为电子文件单轨制的推行提供了便利，前端各业务系统不断生成的大量数据为电子文件的单轨制的推行提供了一定资源，而电子文件管理系统一方面简化了前端业务系统数据的归档流程，另一方面改变了传统档案以手工管理为主的管理方式，极大地提高了档案管理工作的效率，也为电子文件的全流程管理、与其他信息流的高度集成和电子档案价值的实现提供了可能。当然，在这种情况下也并非完全排除纸质文件同时存在的可能性，但相较于传统的档案管理工作，纸质文件存在的意义和价值已经发生了质的变化。此外，电子档案管理系统与各业务系统接口的设计和实现也尤为重要，接口的设计可以打通以往各系统之间相对独立的局面，为真正实现“全系统”目标搭建阶梯。现阶段，系统的引入和使用已经成为普遍，但系统引入时间、管理部门、设计框架等的差异导致各系统相互独立的局面也普遍存在，管理人员往往需要登录不同的系统才能实现相应的操作，极大地降低了系统的使用效率，为此，各系统之间的接口设计是实现全系统目标的当务之急。当然，除了在业务系统与电子文件管理系统建立接口这种主流的解决途径外，建设工程项目一体化系统平台则是更值得尝试的一种新途径。该平台可用于统一管理工程项目中生成的各类电子文件数据并作为平台的底层数据基础，借助高层的功能模块为业务需求提供高效的管理功能和服务功能。

（4）全要素。本书认为，全要素主要包括组织体系和制度体系两方面，两者均对建设工程项目电子文件单轨制的推行起到一定的保障作用。就组织体系而言，建设工程项目涉及多方利益主体、部门及其建造过程的复杂性导致对建设过程中形成电子文件情况最为了解的是各方工作人员而非档案管理人员，档案管理人员虽在项目电子文件归档管理前均对其形成流程进行一定的了解，但也容易出现无

① 浙江湖州市水利局试点电子文件单套制全流程管理［EB/OL］.［2022-04-09］.https：//www.saac.gov.cn/daj/c100206/202111/f3d5bd6713484788ae270f61620ff0d0.shtml.

法准确表达管理需求的情况,容易因为协调不畅而陷入“单兵作战”的境地。因此,电子文件单轨制作为一项系统的、全面的工程,需要相关部门协调配合来共同完成。在此基础上,既要以业务需求为前提进行合理的部门设置,也要结合实际情况配备适用的相关人员并进行责任划分,在职责清晰的基础上开展相关工作。此外,在企业内部组织合理的基础上,还应注重与外部团体如高校团体、研究中心等进行协作,尽可能地减小电子文件单轨制推行的内外部阻力和障碍。就制度体系而言,除了国家宏观层面发布的相关指导性和约束性制度外,企业还应根据建设工程项目特性和自身需求,建立涵盖电子文件全生命周期各个阶段的制度规范体系,自上而下保障电子文件单轨制的实施,并可以根据业务流程及其关键环节尽可能地进行细化,从细枝末节处保障管理工作的规范性,使得管理工作有章可循。可以说,相关体系的建设和完善是电子文件价值发挥的“添加剂”和“保护伞”,一定程度上保证电子文件的法律效力和长期可用,对于电子文件单轨制的实施而言是不可或缺的关键要素。

6.1.2 技术智能化原则

纵观信息技术的应用历程,可归纳为信息化、数字化和智能化三个发展阶段。首先是信息化,对于企业中从事信息化相关的人员来说,最直接的就是做项目上系统。信息化系统将现实世界进行抽象建模,然后将某些业务处理过程数字化,通过人与机器的协同完成任务作业;在这一阶段中,人仍然要在物理世界完成其任务,然后将相关数据输入系统,人与系统进行着大量的互动。其次是数字化。它比信息化要进一步,应用信息系统来解决日常企业业务流程的效率问题。部分业务流程开始从物理世界进入数字世界,但从本质上来说,数字化仍然摆脱不了人的大量参与。最后是智能化。智能化是在计算机算法与功能上的大幅提升。在很大程度上可以替代人去完成一些重复、计算或者是事先已经设定好规则的活动,在这一阶段人将在活动效能大大提升的同时也获得一定的“解脱”。这三个阶段是由低到高循序发展的。

目前,我国工程项目基本都已进入了信息化或数字化的阶段,信息技术在工程建设中已经得到了普遍的应用。据不完全统计,仅建设阶段就存在大约 5~10

个信息系统，包括但不限于 OA 系统、招采系统（招投标系统）、合同管理、ERP、建设项目管理 EAM 系统、质检系统、竣工图绘制系统等，几乎覆盖了建设中的所有活动，数据和系统带动、支撑着整个工程建设活动的展开。但从实践来看，由于信息技术发展的阶段性所限，加之管理方式未能及时跟上，信息系统与人之间存在着一定“不和谐”状况，从而造成人被系统所累，无法彰显信息技术所带来的便捷性和高效性。例如，很多业务系统缺少元数据捕获和保存功能，导致电子文件归档时需要档案人员手动输入补充，极大地增加了档案人员的工作量，而且无法保证元数据的完整性和准确性。再比如，电子文件归档时需要进行“四性检测”，但由于系统功能不具备，所以还得依靠档案人员进行人工核查，难度之大可想而知。此类问题在现实中比比皆是，不一而足。当然，这些问题并不是单一原因造成的，有系统的问题、有管理方法的问题、有制度的问题等，但技术可以作为解决问题最为有效的抓手，可以从技术方面突破来带动其他方面的变革。

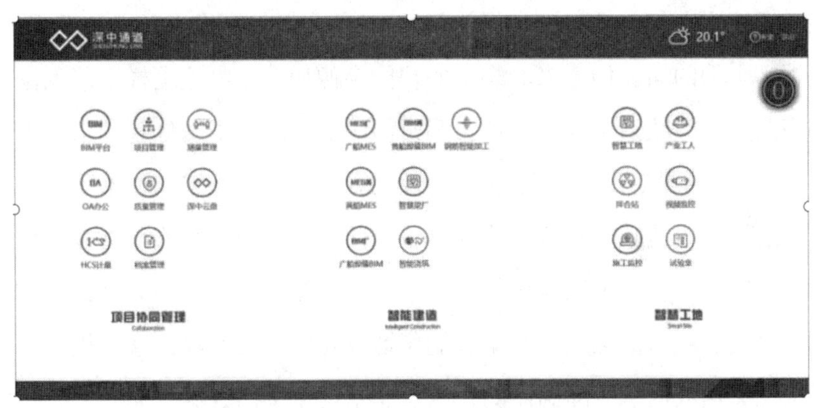

图 6–1　深中通道 BIM 协同管理一体化平台

智能化是近些年来国家大力提倡的信息化发展方向，也是数字转型的重要内容和高级发展阶段。“在以传统 IT 架构为特征的数字化转型 1.0 时代，传统产业数字化转型主要是对生产要素或生产流程的简单数字化替代。在智能时代，数据成为重要的生产要素和变革引擎，以云架构为特征的数字化转型本质是利用数据和算法来化解复杂世界的不确定性。其核心要义是通过数字技术的全面应用，实现数据在‘设备—生产线—企业—产业—价值链’的汇聚和流通，并将每个行业所独有的工业机制、行业特点与数据相结合，构成一个数据驱动的全生命周期优化闭环，实现快速感知、敏捷响应、动态优化和全局智能化决策模式。”① 档案工作从数字化到智能化，实现单轨制转型，不但要求重视电子文件的数据属性和价值，同时要求将电子文件运行的机制、电子文件及其管理的特点与数据、数据管理密切结合，将信息系统向平台化转移，提升系统的功能和性能，形成全生命周期的最优化管理，进而提高管理效能。因此，电子文件单轨制管理要坚定用数字（电子）的方式去管理电子文件，用系统工具替代和帮助完成大部分的业务工作，满足绝大部分的业务需求。

“智能化”是通过引入各类人工智能和其他智能化信息技术手段，来降低电子文件管理过程中各类人工工作，并且通过机器学习和深度学习来预测用户对于电子文件管理和利用方面的诉求，从而更加智能地服务于电子文件生成者和利用者。目前人工智能技术快速发展，智能化已经能够很好地结合在电子文件管理平台中，产生出原来不可想象的增值和收益。

人工智能不会是一场轰轰烈烈的革命，它的成果将会像一条平缓宽广的河流，无法阻挡却平静的向我们流来。未来的智能会像如今的电流一样平静的围绕着我们，彻底改变人类政治、经济、社会和生活的状态。电子文件管理引入人工智能也是如此，它不会彻底改变电子文件管理的方向、管理思路和技术手段，但却会直接地、潜移默化地影响着这一代的电子文件管理。当今智能化在非结构化文档数据治理和安全防护中可以应用的点很多，包括非结构化文档数据搜索排序的智能化调优算法、非结构化文档数据智能化推荐和推送模型等，通过机器学习来进行非结构化文档数据密级漏洞监测，以及非结构化文档数据智能分类和智能标记等，这些都已有成熟的应用场景和案例。

以非结构化文档数据智能分类和智能标记为例，可以通过机器学习以及深度学习来解决此问题。在人工智能领域，基于文本的预定义标签和自动分类问题，可以被视为大规模多标签文本分类问题。文本分类问题算是自然语言处理领域中一个非常经典的问题，相关研究最早可以追溯到 20 世纪 50 年代，当时是通过专

① 推动智能时代传统产业数字化转型［EB/OL］.［2023–04–08］. https://baijiahao.baidu.com

家规则（Pattern）进行分类，甚至在 80 年代初一度发展到利用知识工程建立专家系统。后来随着统计学习方法的发展，特别是 90 年代后互联网在线文本数量增长和机器学习学科的兴起，逐渐形成了一套解决大规模文本分类问题的经典算法，这个阶段主要是“人工特征工程 + 浅层分类模型”。随后伴随着机器学习和深度学习的大规模快速发展，出现了完整的机器学习和深度学习来解决大规模文本分类问题的成熟算法。应用深度学习解决大规模文本分类问题最重要的是解决文本表示，再利用 CNN（卷积神经网络）/RNN（循环神经网络）等网络结构自动获取特征表达能力，去掉繁杂的人工特征工程，端到端地解决问题。其他的智能化应用例子也是类似的情况，例如通过机器学习来进行电子文件密级漏洞监测实则可视为是文本分类问题的简化，机器学习已经能够很好地解决此类问题，甚至无需引入深度学习。

以上这些智能化和服务化的思维和技术已在互联网技术中大规模应用，并且在互联网应用中快速演化和发展，在企业信息化的应用和结合也已经开始。AI+ 可能无法影响电子文件管理的基础，却会让电子文件的管理成效极大地提升和改善。

6.1.3 制度体系化原则

制度是电子文件单轨制得以规范、有效、科学实施的文本依据。国内电子文件管理相关制度随着电子文件的普及和管理需求的旺盛也日渐完善起来。本书所研究的电子文件单轨制管理制度体系是指对电子文件单轨制管理有指导性或约束性的规范体系，一方面包括国家层面与电子文件单轨制相关的法律，如《档案法》《电子签名法》；对单轨制管理具有指导性的政策，如《“十四五”全国档案事业发展规划》；行政法规，如《机关档案工作条例》；规章，如《电子公文归档管理暂行办法》；国家标准，如《电子文件归档与电子档案管理规范》（GB/T18894-2016）；行业标准，如《电子档案单套管理一般要求》（DA/T92-2022）等；另一方面也包括在国家制度的指导下形成的与工程项目和企业相关的各种规范。

从制度的内容横向分析，电子文件的制度体系主要由两大类组成：专门的文档类、其他相关制度类。专门的文档类是指档案主管部门或者相关专业主管部门发布的有关电子文件管理的制度文本或条款，如《中华人民共和国档案法》《电子档案管理系统通用功能要求》（GB/T 39784-2021）等；其他相关制度类是指国家其他主管机关发布的涉及电子文件的制度文本或条款，如《中华人民共和国电子签名法》《建设工程文件归档规范》（GB/T 50328-2019）等。

表 6-1 电子文件及档案管理相关法律法规、规范及标准清单（部分）

序号	文件名称	时间
1	《中华人民共和国电子签名法》	2019 年修订
2	《关于修改 < 中华人民共和国刑事诉讼法 > 的决定》	2012 年
3	《关于修改 < 中华人民共和国民事诉讼法 > 的决定》	2012 年
4	《关于修改 < 中华人民共和国行政诉讼法 > 的决定》	2014 年
5	《关于办理刑事案件收集提取和审查判断电子数据若干问题的规定》	2016 年
6	《最高人民法院关于互联网法院审理案件若干问题的规定》	2018 年
7	《最高人民法院关于修改 < 关于民事诉讼证据的若干规定 > 的决定》	2019 年
8	《电子公文传输管理暂行办法》（国办函〔2003〕65 号	2003 年
9	《党政机关电子公文处理工作办法》	2019 年
10	《国务院关于在线政务服务的若干规定》（国令第 716 号）	2019 年
11	《电子文件管理暂行办法》（厅字〔2009〕39 号）	2009 年
12	《中华人民共和国档案法》	2020 年修订
13	GB/T 33190-2016 电子文件存储与交换格式版式文档	2016 年
14	DA/T 46-2009 文书类电子文件元数据方案	2009 年
15	DA/T 48-2009 基于 XML 的电子文件封装规范	2009 年
16	DA/T 54-2014 照片类电子档案元数据方案	2014 年
17	DA/T 63-2017 录音录像类电子档案元数据方案	2017 年
18	电子公文归档管理暂行办法（国家档案局第 6、14 号令）	2018 年
19	电子档案移交与接收办法（档发〔2012〕7 号）	2012 年

近年来，无纸化进程迅速推进。与电子文件单轨制有关的政策、法律出台较多。2013 年出台的《企业会计信息化工作规范》中首次提出在企业内部业务中所形成的会计凭证、账簿、个人凭证等会计资料可以不再形成纸质文件。[①]2015 年，新修订的《会计档案管理办法》列明企业内部产生的电子会计文件，如果需要归档，可以仅以电子的形式保存。企业因对外业务所接收的包含电子签名的电子会

① 企业会计信息化工作规范［EB/OL］.［2021-10-16］.https：//baike.baidu.com/item/%E4%BC%81%E4%B8%9A%E4%BC%9A%E8%AE%A1%E4%BF%A1%E6%81%AF%E5%8C%96%E5%B7%A5%E4%BD%9C%E8%A7%84%E8%8C%83/12706839？ fr=aladdin

计文件，如果符合国家有关电子签名的要求，也可以仅以电子的形式保存[①]。2016年，国家档案局制定的《全国档案事业发展“十三五”规划纲要》中提出：“在有条件的部门开展电子档案单套制（即电子设备生成的档案仅以电子方式保存）、单轨制（即不再生成纸质档案）管理试点。”[②]2018年，在新修订的《电子公文归档管理暂行办法》（第14号令）中，将第七条修改为：“符合国家有关规定要求的电子公文可以仅以电子形式归档。”[③]行业标准《政务服务事项电子文件归档规范》（DA/T 85–2019）中规定在政府服务事项中形成的电子文件可以仅归档电子文件。2020年修订的《中华人民共和国档案法》第37条修改为：“电子档案与传统载体档案具有同等效力，可以以电子形式作为凭证使用”[④]。2020年11月，国家档案局发布的《电子档案单套管理一般要求》[⑤]中，表明电子档案单套管理的条件已经成熟。2021年6月8日发布的《“十四五”全国档案事业发展规划》中再次明确我国下一个五年的档案事业任务。主要任务有：“全面推进档案治理体系建设，提升档案治理效能。到2025年，应继续完善档案制度规范建设工程，完善档案标准体系。”[⑥]明确了《档案法》等法律法规与电子文件标准等制度构建对我国档案事业发展的重要性，为后续档案工作的开展指明了方向。

---

① 冯惠玲．走向单轨制电子文件管理［J］．档案学研究，2019，166（1）：88–94.

② 国家档案局印发《全国档案事业发展“十三五”规划纲要》［EB/OL］．［2021–10–16］. https：//www.saac.gov.cn/daj/xxgk/201604/4596bddd364641129d7c878a80d0f800.shtml

③ 国家档案局第14号令《国家档案局关于修改<电子公文归档管理暂行办法>的决定》发布［EB/OL］．［2022–03–09］.https：//www.saac.gov.cn/daj/tzgg/201901/6e8c79c08ff449bcb24fc285c6442d70.shtml

④ 中华人民共和国档案法［EB/OL］．［2021–10–16］.https：//baike.baidu.com/item/%E4%B8%AD%E5%8D%8E%E4%BA%BA%E6%B0%91%E5%85%B1%E5%92%8C%E5%9B%BD%E6%A1%A3%E6%A1%88%E6%B3%95/1856695？ fromtitle=%E6%A1%A3%E6%A1%88%E6%B3%95&fromid=8304610&fr=aladdin

⑤ 国家档案局办公室关于征求《电子档案单套管理一般要求》档案行业标准项目意见的通知［EB/OL］．［2021–10–16］.https：//www.saac.gov.cn/daj/tzgg/202011/c21324009e7e44b5ba8e140ebeb22507.shtml

⑥ 中办、国办印发《“十四五”全国档案事业发展规划》［EB/OL］．［2021–10–16］. https：//www.saac.gov.cn/daj/yaow/202106/899650c1b1ec4c0e9ad3c2ca7310eca4.shtml

然而，通过对大量企业及其工程项目的调查研究发现，电子文件单轨制管理的确需要制度作为保障，我国虽近年来已陆续出台各类政策、修订了法律、法规、标准等，但目前仍存在部分行业制度缺失、无制度可依的情况。也有部分行业虽有制度，但制度的可操作性比较差，没有明确的指南、操作等细节，无法对实际工作起到支持作用，制度的落实工作较难。如在建筑行业，由于建筑工程项目施工资料管理软件的普遍使用，目前国内项目上已经形成了大量的电子文件，但在签字签章的审批环节上始终存在无法线上操作的情况。项目上目前的做法是将工程资料管理软件形成的电子文件下载打印，将打印出的纸质版文件完成签字、盖章程序，手续完毕后扫描该份纸制文件形成新的电子文件，再将该份电子文件上传至资料管理系统，最终通过数据推送接口进入档案管理系统，即完成施工资料的归档环节。很显然，这种做法离电子文件单轨制管理的目标还有距离，其关键难题就是电子签名（签章）的有效性，而这亟需制度加以认可和标准加以规范的。目前，国家已经颁布的《中华人民共和国电子签名法》在法律层面认可了电子签名的法律地位，但是在具体业务活动中如何实现、认定则缺少相应的明确规定，工程项目在采用电子签名时无法判定何种形式的电子签名才是符合国家规定的可信电子签名。

再如，通过文献收集，在建筑行业领域与电子文件单轨制有关的制度规范只有三个:（1）施工许可证电子证照——自 2021 年 1 月 1 日起，全国范围内的房屋建筑和市政基础设施工程项目全面实行施工许可电子证照（以下简称电子证照)。电子证照与纸质证照具有同等法律效力;（2）建设工程企业资质实行电子化申报和审批——2018 年 9 月 12 日，住房城乡建设部办公厅关于建设工程企业资质统一实行电子化申报和审批的通知（建办市函〔2018〕493 号）——自 2019 年 1 月 1 日起对建设工程企业资质统一实行电子化申报和审批;（3）从业人员资格证书电子化——2018 年 5 月 23 日，住房城乡建设部办公厅关于同意在部分地区开展住房和城乡建设领域从业人员有关证书电子化试点的复函（建办人函〔2018〕257 号）——为进一步推动建筑业改革发展，提高政务服务效能，经研究，同意北京市、上海市、重庆市、江苏省、浙江省、陕西省、四川省开展住房和城乡建设领域从业人员相关证书电子化试点，电子化证书与纸质证书具有同等效力。

这三个制度虽然符合电子文件单轨制管理的发展趋势，但只是涉及了工程项目中极少的活动内容，难以对工程项目电子文件的完全单轨制起到决定性的影响。

电子文件单轨制管理是一项复杂、涉及面广泛的基础性工作，它贯穿于工程项目全过程并与各种活动密切关联，是其有效实施的凭证和记录成果的证据。电子文件要完全取代纸质及其他传统载体文档就必须通过建立完善的制度体系使得其能够正常行使凭证等所有功能，与后者具有同等法律地位。

因此，本书针对目前我国电子文件制度建设现状及工程建设的需求，提出制度体系化原则，该原则包含两层含义：首先，通过制度这种规范文本的方式将工程项目开展电子文件单轨制管理所需要的参照依据（即方针、政策、规定、程序、流程）固定下来，保障体系的完善，从而能够为实施过程中出现的问题提供解决的参考依据和途径；其次，体系中的各制度之间必须保持高度的一致性、协调性和实操性，避免彼此之间出现矛盾的情况。

6.1.4 价值最大化原则

存与用始终是档案管理的核心任务，而用又是存的最终目标。长期以来，档案作为原始记录其证据价值得到社会的普遍认可，在法律规定的若干证据中，书证的证据力最强。当然，除了证据价值，档案的参考价值、情报价值也是不容忽视的。众所周知，在工程建设项目中，竣工图是非常重要的一种文档，竣工图不同于设计图，它最能真实、准确、系统地反映工程实体，它就像工业产品的说明书，产品使用、维修管理均离不开它。[①] 由于建筑工程隐蔽部位较多，不能像有些机械、仪表产品那样，使用过程中有什么问题，可以拿来给技术人员看看，也可以拆开检查维修，这些常常是建筑工程所办不到的，要解决问题就只得靠竣工图及竣工档案。竣工图是人们管理工程设施的依据和凭证，而且是进行技术交流的重要信息，竣工图的这些作用和价值比较典型地代表了档案之于工程项目的重要性。

在电子文件时代，强调电子文件单轨制管理需遵循价值最大化的原则，其原

① 竣工图编制要求［EB/OL］.［2022-09-01］.https：//wenku.baidu.com/view/14b6743313a6f524ccbff121dd36a32d7375c7d6.html

因在于由于载体等各种因素所限，传统档案管理环境中档案的价值虽然被认可但却一直处于不活跃的状态，正如一位企业领导坦言，档案很重要，在工程出现纠纷的时候可以作为有力的证据来维护企业的利益，但是仅此而已，纠纷不是常常发生的，大多数时候档案是处于休眠状态。正因为如此，企业档案人员常自嘲式地说，领导一般想不起档案部门，只有在“出事”的时候才能想起来。上述情况是非常普遍的，所以，在信息时代要想充分激活档案的价值，就必须充分利用好电子文件这一契机，在继续保障基本价值得以充分发挥的前提下，将其作为数据资产，通过数据管理的技术和方法，提升工作效能，充分挖掘其作为企业核心数据的资产价值。在目前一些电子文件单轨制试点企业中，通过实施单轨制管理，一方面大大减少了双套制环境下纸张的使用，这既符合国家坚持绿色发展、坚持可持续发展、坚持节约资源和保护环境、减少碳排放的号召，也符合企业坚持环保和降低高额成本的需求。另一方面通过单轨制统筹规划，可以节约文档流转时间，大大提高业务活动效率，缩短工程周期，无形中为企业节约了大量建设成本。当然，除了上述两个方面，如果能够对电子文件数据进行充分挖掘和利用，其在支持决策、优化流程方面的价值也将凸显。

6.1.5 落地场景化原则

场景化就是考虑清楚了人、时间、地点和物的关系，在这个关系下，人的行为是什么。说的再直白一点，就是此情此景下，人会干什么、会想什么。电子文件单轨制管理所形成的理论、模型和方法都是基于一般的或者说是理论层面的研究，其成果在应用于具体的工程项目时，会因为企业、行业、工程项目的不同而产生差异，这种差异具体表现在实施的基础或前提条件、达到的预期目标、工程活动的业务需求以及所涉及的体制、资金、人员、工程性质与规模等方面。

落地场景化原则旨在强调研究成果与具体工程项目相结合时的可操作性，目的是确保理论能够有效地与实践对接，能够通过实施电子文件单轨制达到企业设定的目标，满足其需求，从而实现管理的良性循环。例如，电子文件签名问题。使用电子签名的目的是保障电子文件的有效、真实和安全，那么为了达到此目的，具体使用何种形式的电子签名则需要根据企业工程项目的实际情况而定，如果工程项目的业主方是大型的企业集团且工程规模大、建设周期长，则可以使用由国家认定的第三方授信机构发放 Ukey 数字证书，同时辅以区块链；如果工程建设周期较短或涉及的施工方、监理方过于繁杂且更换频繁则可以在数字签名的物理形式上加以简化，使用密码、生物识别加手机定位的形式。

提出落地场景化原则主要是针对目前理论与实践联系不紧密、指导性参考性差的问题。因此，本书在研究时也是基于此种考虑提出功能性管理模型和具有普遍通约性的实施策略，对具体的技术方法不加限制，同时又将实施过程中的各种影响因素（条件因素）整合其中。

6.2 工程项目电子文件单轨制管理的目标

电子文件单轨制是文档管理在信息时代数字转型的必然结果，且其内涵更加丰富，不再仅仅局限于以新兴技术和系统代替传统手工档案管理工作的局部变革，而是基于企业整体数字转型这一宏观战略的必然选择，其在迎合企业数字转型目标的基础上，支持企业前端的业务活动甚至驱动企业整体的数字转型。同时我们应该认识到，单轨制管理并不完全等同于电子文件管理，目前众多试点单位所实施的电子文件单轨制中存在大量在归档环节将电子文件打印成纸质文件进行保存的情况，与理想状态下的全流程单轨制还存在一定的差距，真正打通文档管理数字转型的“最后一公里”对于电子文件单轨制的推行而言迫在眉睫。此外，电子文件单轨制的实施也不可能一蹴而就，且相较于其他领域或行业，工程项目所形成的电子文件存在来源广泛、系统不一、利益主体较多且数据量大、类型复杂等特点，导致其管理难度加大，更加需要有目标、分阶段地实现。赵林夕、常飞等（2020）认为，数字经济时代下，企业档案转型是必然的，是全流程、全范围和全方位的，也即档案资源的全数字化、具有保存价值的电子文件全部归档以及档案信息服务可以实现网络化。[①] 在企业数字转型背景下，错综复杂的实现要素和

① 赵林夕，常飞，贾劲颂，崔洁，谷一凡，陆炫宇．数字经济时代企业档案信息化转型的目标与策略［J］．档案与建设，2020（09）：44-46.

需求对电子文件单轨制的实现也提出了更高要求，即期望电子文件单轨制达到的目标和水平。

《电子文件管理教程（第二版）》中提到，电子文件的管理目标即为保证电子文件的真实性、完整性、可用性和安全性。[①] 本书认为，企业数字转型背景下，电子文件本身“四性”质量要求仍然是工程项目电子文件单轨制管理需要达到的目标。但在此基础上，作为企业的一项基础性数据管理工作，工程项目电子文件单轨制管理作为一项重要的基础性数据工作，还应该在更高层面满足以下两个目标：一是数据化的治理与管控；二是全局性。第一个目标在前文参考模型数据治理一节已经论述过，在此不再赘述。第二个全局性目标是将电子文件单轨制管理置于更高更宏观的层面而提出的，而该问题在实际工作中经常被习惯性忽视，从而使得电子单轨制管理工作长期只局限在档案部门自说自话，难以广泛推行。

这里的全局性既包括企业内部的全局性即应将工程项目电子文件单轨制的实施置身于企业整体数字转型的宏观发展战略之中，以企业数字转型的目标和规划为前提和基础，在实现电子文件单轨制的同时发挥自身的驱动作用；同时也包括企业外部的全局性即在工程项目领域或企业所处的整体环境中实现电子文件单轨制，进而驱动整体环境的数字转型。

就企业内部而言，在数字经济时代，部分企业选择某一环节或项目的文档管理转型作为企业数字转型的突破口，而文档管理的数字转型即电子文件单轨制的推行并不是盲目的、无目标的尝试，其在解决文档管理工作自身存在的效率低下、耗材较大、管理方式复杂等问题的同时，是以企业整体数字转型的目标和任务为前提和基础的，也即在迎合企业数字转型目标的基础上，完成工程项目电子文件单轨制的转型任务，并以工程项目电子文件单轨制的实施为发力点，驱动企业整体的数字转型。然而电子文件单轨制在企业内部的推行过程中往往具有较强的独立性，大多仅涉及与单轨制推行相关的部分要素如系统、制度、体系、人员以及相关部门等，而不在试点范围内的相关要素如前端业务系统、业务部门及人员等

① 冯惠玲，刘越男．电子文件管理教程（第二版）［M］．北京：中国人民大学出版社，2017：31–37.

则较少甚至不参与电子文件单轨制的实施，这就容易造成企业内部各部门在推行单轨制的过程中出现差距较大甚至脱节的情况。且较为单一的、独立的某一环节或项目的电子文件单轨制推行难以发挥其对企业整体数字转型的驱动作用。

就企业外部而言，当前针对电子文件单轨制的推行分散于不同类型的试点单位。截至目前，国家档案局已公布三批企业电子文件归档和电子档案管理试点及企业数字档案馆（室）建设试点验收名单，这些试点单位涵盖金融、证券、保险、交通设施、新能源等多个不同领域。而这些试点大多局限于某一机关、企事业单位或一个具体的工程项目，甚至是一个具体的管理系统，如马钢集团的 ERP（SAP）系统和数字档案馆系统、国泰君安证券股份有限公司的理财业务等，这些单轨制试点仅仅在某一方面进行研究，且均在企业内部完成推行和运行，各试点之间也是相互独立的。当前，已经通过验收的单轨制试点项目涵盖类型广泛，虽存在试点单位是同类型行业的情况，但在实际推行过程中，各试点各自为政，以本企业转型目标为中心，以企业内部单轨制实施成功为前提，较少地与同行业试点进行一定的借鉴和交流。试点的“封闭性”和“独立性”容易出现其脱离了试点环境而不再适用的情况，导致难以发挥有效作用。此外，当前电子文件单轨制选择的试点单位也大多是处于经济发达地区、企业自身信息化程度较高、业绩较好的企业或项目，而这些发展较好的企业推行电子文件单轨制的情况并不能代表普遍情况，当前试点的极大成功也不一定代表单轨制可以广泛地推行。

因此，在企业数字转型背景下，电子文件单轨制的实施应突破试点的独立性和封闭性，转而向全局性发展。一方面，企业内部单轨制的尝试应该扩大试点面积，大面积涵盖企业的相关部门、业务流程及人员，带动企业所有资源参与到试点推行中，由此保证电子文件单轨制对企业整体数字转型的驱动性。另一方面，电子文件单轨制的推行可以以行业或领域为前提进行一定的试点工作，选取某一行业的多家企业作为试点单位，探索某一行业单轨制推行的可行性及其成功路径，由此形成的经验具有一定的可推广性，也便于该行业中其他企业进行借鉴和参考。

6.3 本章小结

工程项目电子文件单轨制管理的基本原则是本章的重点，它规定了工程项目电子文件单轨制管理必须遵循的规范和实施的基本依据。这些原则从管理、技术、制度、价值和实施五个层面进行了阐释，这五个方面正是开展单轨制管理最为关键的五个要素，也是应对当前推进单轨制管理所遭遇的具有普遍性问题的重要抓手。管理目标从较高层面描述了电子文件单轨制管理作为一项数据管理活动应该达到的理想状态——数据得到有效、科学的治理，而全局性目标则是其作为一项管理工作在企业内外部应该实现的状态——融入企业与国家整体数字转型之中，不断扩大其应用范围，为数字转型奠定坚实的数据与管理基础。

第七章　工程项目
电子文件单轨制管理模型

管理模型的构建就好比服装设计，展示出来的成果或作品都包含和渗透着设计者对该事物所秉承的理念、原则与目标。本书所意图构建的管理模型是对工程项目电子文件单轨制管理活动的模型化，是对电子文件单轨制管理最佳实践的根本体现，是电子文件单轨制管理理念、原则、目标、领域、业务流程、控制点和其他要素及其关系的一体化展现。前文已论述了工程项目电子文件单轨制管理的基本理念与参考模型，而本章的管理模型是将工程项目电子文件单轨制管理工作加以模型化处理的结果，是工程项目电子文件单轨制管理最佳实践的根本体现，是企业在工程项目中实施电子文件单轨制管理涉及的管理领域、业务流程、控制点、影响要素和任务分配与授权的一体化展现。本书提出管理模型的目的在于通过利用模型化的方法通过全面、清晰、科学地展示工程项目电子文件单轨制管理涉猎的各个方面的要素及其关系，同时将管理理念、原则与目标贯彻其中，从而为企业开展此项工作提供最为有力的指导和参考。

工程项目电子文件单轨制管理模型的基本定位如下：

（1）本模型虽然将工程项目设定为研究场景，但其内容可扩大到具有普遍意义的电子文件单轨制管理问题。

本模型是管理模型，即将电子文件单轨制管理活动进行模型化，是参考模型的具象化。按照管理模型化的一般理解，其主要构成要素包括：管理领域

（Domain）、业务流程（Process）、业务规则（Rule）与控制点（Control）、角色（Role）与职能（Function）。[①] 本模型将在此基础上根据电子文件单轨制管理的特点与需求加以调整与优化。

（2）本模型将前文所述及的理念、参考模型、原则与目标作为模型设计的出发点和基础，同时作为后文实施策略的主要依据。

（3）本模型只是管理模型，展现出来的是要素及其逻辑关系的集合体，它并不规定具体的计算平台、系统环境、设计要求、开发方法、数据库范式、命令语言、用户界面等。该模型只是借助术语、概念及其逻辑关系的展示构建的一个管理体系功能框架，希望借此就工程项目电子文件单轨制管理工作达成广泛共识。

7.1 工程项目电子文件单轨制管理模型的构建

该模型名为“四数模型”（Four Data Management Model，以下简称 FDMM）。该模型以数据为基本立足点和视角，从下至上，由数根层、数基层、数流层和数值层组成。海量的电子文件数据是工程项目电子文件单轨制管理的管理对象和数据基础，对电子文件及其元数据的存储管理构成数基层的主要内容；电子文件单轨制管理需以相应的硬件软件设施设备、制度和理论作为支撑，并结合工程项目的特点与需求，成为整个单轨制管理的最底层，即数根层；工程项目建设流程与此间使用的各类业务信息系统共同构成了数流层，该层是电子文件单轨制管理开展和实现的最直接环境，来自数基层的电子文件以数据形态在该层“流动”——生成、传输、办理等，是支持业务活动和系统正常运作的“血液”，并与数基层和数值层进行数据交换，保持紧密关联；数值层是利用各种信息技术包括 AI 技术对电子文件数据进行挖掘开发，以业务需求为导向提供相应的应用服务，从而彰显电子文件作为企业核心数据资产的价值（图 7–1）。下文将分别对该模型的四层加以详细解读。

---

① 崔文彩，李小三．大数据在 HSE 管理中的应用研究——以海洋石油变更管理为例［J］．安全与环境工程，2016，23（04）：154–159.

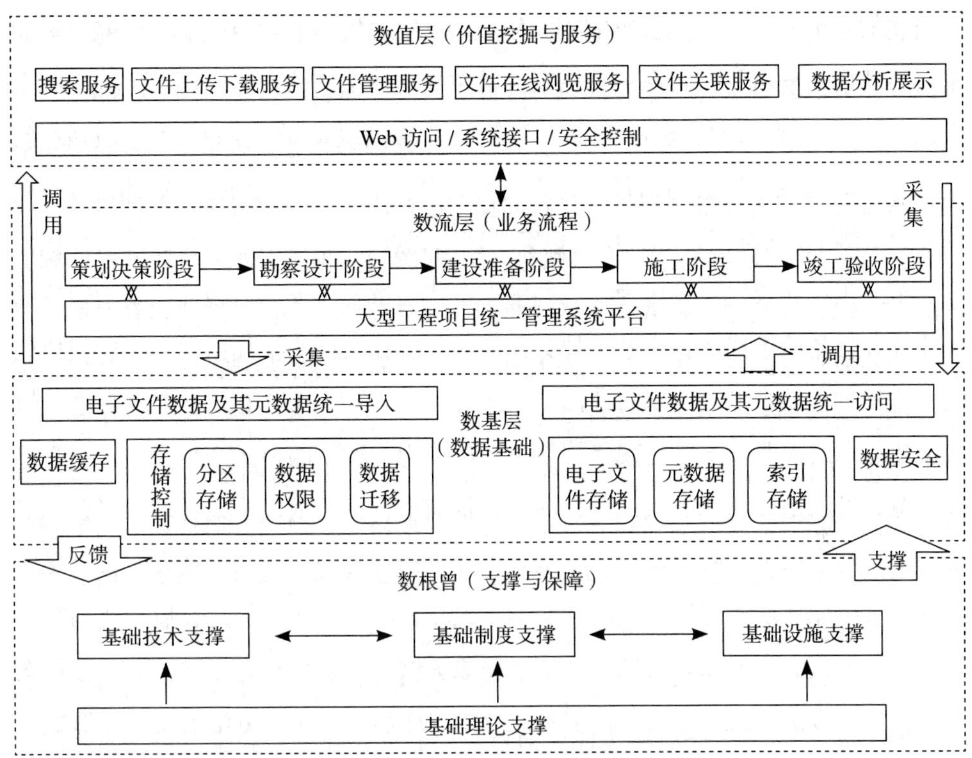

图 7-1　工程项目电子文件单轨制管理模型

7.2 数根层——电子文件单轨制管理的支撑与保障

数根层是 FDMM 模型的支撑与保障层，就像大树的树根一样是整棵树得以生存与生长的根基，同时也为其他部分提供必要的养分。

该层主要由四个要素构成：基础理论、基础制度、基础设施、基础技术，其中基础理论又是其他三个部分的基础。

7.2.1 基础理论支撑

电子文件单轨制管理是档案管理在数字时代的崭新发展阶段。传统档案学理论在新时代已经针对电子文件这种新型记录形式的出现进行了完善和发展。20 世纪 90 年代中期，受后现代主义理论思潮的影响，现代档案学理论迎来了理论范式的革命，加拿大档案学者特里·库克（Terry Cook）称，后现代主义已经成为当代的思维方式，必然会影响档案领域。[①] 后现代档案学范式及其研究应运而生。后现代档案学范式实现了对档案学领域从本体论到认识论、再到方法论的全方位涵盖，一系列新的后现代档案学理论（或研究主题）在这期间得以成长发展，包括档案记忆观、档案与信任、档案与身份认同、档案多元论、档案情感价值、档案第五维度、社群档案等后现代档案学理论观点，[②] 这预示着一种新的后现代档案学范式正在成长发展。作为新的档案学范式的重要表征，后现代档案学理论的主要任务就是给予档案新现象、档案新问题以解释与说明。加小双在《后现代档案学理论的范式成长与范式批判》一文中提道："在后现代主义思潮成为这一时代文化心态的大背景下，后现代档案学理论作为一种新的范式产生具有历史必然性。范式可以是破坏性的或推动性的。就目前来看，后现代档案学理论仍在不断发展中，这也预示着后现代档案学范式仍在不断构建中。当然，现在并没有足够的证据来印证从现代到后现代的档案学范式转移已经完成，但是，后现代档案学范式确实为我们认识和观察档案及档案现象提供了新视角和新方法。其关于档案的'独特'假定，已经激发了许多不同目的、内容、视角、方法的研究，形成了一批后现代档案学理论（或研究主题），在这个过程中，档案学科本身获得了新的生长点，并促进了范式转型。"[③] 且不论后现代档案学范式究竟是什么样的，但有一点是可以确定的，那就是在信息时代档案学范式必须转型，且正在转型的过程之中。同时，档案学面临着多角度、多学科、多维度的扩展，就像美国加州大学洛杉矶分校的 Anne Gilland 教授提出的"档案多元宇宙"（Archival Multiverse）理论所言，新档案范式在空间、时间将呈现多元化、多样化的发展态势。因此，作为电子文件单轨制管理的理论基础，其必定亦是多元化的。

基于本书的研究对象、范畴和目标，除了包括前文第四章列举的基本概念和基本理论之外，基础理论应该主要包括以下几个方面：

---

① Cook T. Archival science and postmodernism: new formulations for old concepts［J］. Archival Science, 2001（1）: 3–24.

② 徐拥军，李子林，李孟秋．后现代档案学的理论贡献与实践影响［J］．档案学通讯，2020（01）：31–40.

③ 加小双．后现代档案学理论的范式成长与范式批判［J］．档案学通讯，2021（03）：34–39.

（1）档案学理论：包括档案学基本理论、电子文件管理理论等，从档案学专业视角框定数据的文件档案属性及文档管理需求、要求。

（2）数据资产管理理论：为电子文件的数据化管理提供基本的理论与方法，进一步将电子文件推向单轨制管理轨道，为工程项目乃至企业的一体化数据管理奠定基础。

（3）计算机科学及人工智能理论：计算机科学提供的各种信息技术形成了电子文件单轨制及工程项目信息化的全部软（硬）件环境；人工智能则是计算机科学的高阶发展阶段，AI 技术如能有效运用到二者之中，其效能必定会有很大的提升。此外，大数据理论、数据安全理论等也都为电子文件单轨制管理提供了基本的需求背景。

（4）其他学科相关理论：除了上述理论外，管理学中的制度、流程等内容，法学理论中对电子文件证据性、电子签名有效性的认定等，都会在电子文件单轨制管理中有所涉及。

7.2.2 基础制度支撑

制度环境是电子文件实现单轨制管理"最后一公里"的保障需求。作者在对推行电子文件单轨制试点工作的工程项目调研过程中了解到企业遇到了诸多制度层面的问题，制度不适用、不健全、不协调等问题严重阻碍了电子文件单轨制管理的推进。因此，制度建设迫在眉睫。

制度之所以被作为基础提出，就在于它对于电子文件单轨制管理具有重要的指导、参考作用。制度建设不是制定某个或某几个制度，而是要构建一个适用于实施和保障电子文件单轨制管理完善的制度体系。电子文件单轨制管理制度体系包括国家宏观层面、地区或者行业中观层面和机构微观层面。如果仅从企业这个微观层面而言，它是宏观和中观层面的最终映射。所以，工程项目电子文件单轨制管理制度体系是企业在工程项目中开展电子文件单轨制时所共同遵守的规定和准则的总称，是电子文件单轨制管理得以执行的体制基础和体制保障。成功的电子文件单轨制管理背后一定有着一套健全的管理制度在规范性地执行。

基本制度的内容包括直接采用或参照国家、行业或地区层面的相关制度及企业根据自身需求制定的企业制度。从制度的分类来说，本书所指制度的外延包括国家层面的政策、法律法规、标准等，也包括企业制定的管理制度。参考已有的研究成果，本书认为工程项目电子文件单轨制管理制度体系框架如下图。

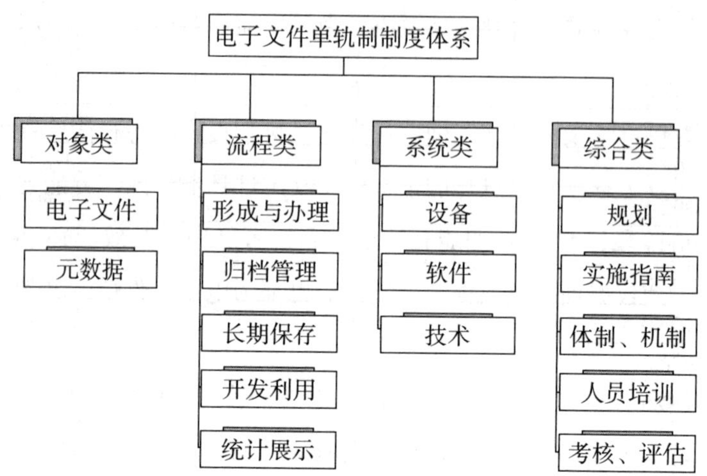

图 7-2　工程项目电子文件单轨制制度体系框架示意图

需要说明的是，以上列出的是制度体所涵盖的内容，并不是每一项都需要以独立制度的形式出现，而是采取多种合理的方式进行整合，单个制度或者制度条款均可。如电子文件归档，可以是独立的包括归档范围的电子文件归档制度，也可以在工程项目文件材料归档制度的基础上整合电子文件的内容。此外，由于篇幅所限，此处的每个方框代表一个类别，具体的制度内容需要细化。

7.2.3 基础设施支撑

基础设施支撑层从硬件、软件、房屋三个层面对各种业务信息系统运行、数据的流转与管理提供必要的实体条件，同时也是工程项目实施电子文件单轨制管理的物理环境基础。

硬件包括但不限于数据生成与采集设备、网络、存储设备、加密设备、数据处理、数据分析、数据显示设备以及各种移动终端等。

软件包括各类业务系统、管理系统及平台等。

房屋则包括机房、运行中心等场所。

如果结合模型分层对基础设施进行分类，也可以归纳为数基层基础设施、数流层基础设施和数值层基础设施。

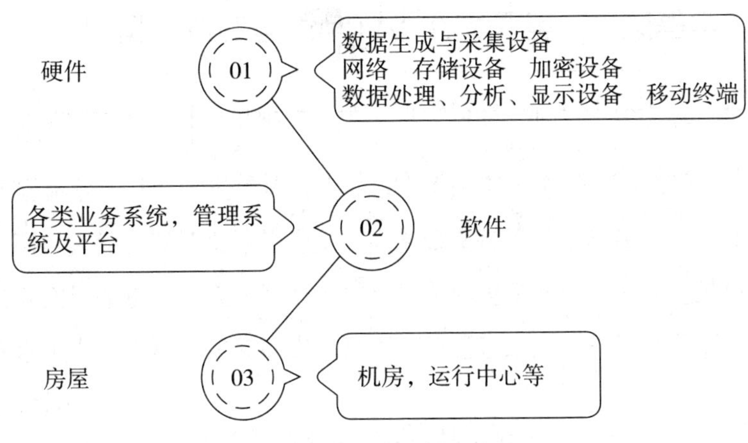

图 7-3 基础设施支撑层示意图

7.2.4 基础技术支撑

该层根据技术具备的数据管理功能不同，可分为数据采集技术、数据存储技术、数据分析技术、数据挖掘技术、数据可视化技术、数据加密技术、数据长期保存技术、数据检索技术、人工智能技术等。这些技术将直接作用于数基层的数据并嵌入数流层的系统当中。

当然每一类技术都包含若干种不同的技术形式，其选择应以契合管理需求并兼顾成本效益为原则。

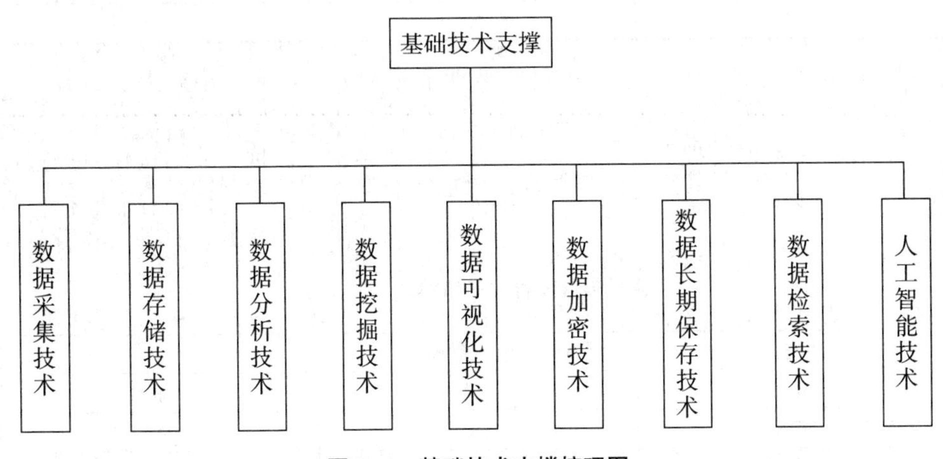

图 7-4 基础技术支撑梳理图

7.3 数基层——电子文件单轨制管理的数据基础

数基其意为数据基础，即以数据作为工程项目信息化建设的基础，同时充当数流层和数值层的基础。这是本模型不同于以往所有模型的一个特点，数据视角和数据驱动理念就是要将数据做“一统化”管理，也就是说将包含电子文件在内的所有工程项目中生成或使用的数据（数字形态）整合到统一的系统平台加以管理，而不再因生成来源（系统）的不同而分散管理，从而形成基于工程项目甚至是整个企业的统一数据基础。

《企业非结构化文档数据治理探究》一文中提道:“著名的数据管理咨询公司Veritas认为，当今信息时代企业需要转换思路，不该执着于关注基础架构，而应该多关注数据。未来的企业都会是数据企业。所以，企业IT决策者们真正应该关注的是对数据的管控。而数据管控的前提是对数据的理解与了解。涂子沛在其著作《数据之巅》中说:‘大数据的出现，是人类大量记录世界的结果。’记录数据即文档数据，是大数据的主体，是企业各项业务活动的全过程记录，是企业核心记录数据。而在这些数量巨大且不断增加的记录数据中，又以非结构化文档数据为主体。”[①] 该文是本项目前期研究基础成果之一，该文以华能集团建设的以电子档案为主体的非结构化数据平台为研究对象，认为这种做法可以非常有效地解决当前企业信息化建设中普遍所面临的“数据种类繁杂、形式多样，信息孤岛造成数据割裂现象严重，存在过多的‘账外’非结构化文档数据、缺少统一管控、非结构化文档数据管理功能不全”等问题。同时，本书提出的数基层方法在建立非结构化统一数据管理平台之上更进一步，即将结构化数据与非结构化数据整合到一个平台之上进行统一管理，其原因在于工程项目建设中将根据其业务特点使用表单这种结构化文档数据形式驱动业务活动，同时整合其他形式的文档。数据的统一管理便于统一电子文件数据的编码、格式、权限等属性，从而为数据的挖

① 张宁，冷秀斌，梁帆．企业非结构化文档数据治理探究［J］．档案学研究，2020（06）：97-103.

掘、分析、统计及其他各种利用服务奠定坚实的基础。

在当前企业工程项目电子文件单轨制试点中，已有一些企业意识到数据的统一势在必行，没有统一的数据基础，信息化就很难深入，数字转型目标就很难达成。对于工程项目电子文件单轨制的数据而言，统一电子文件数据编码是最为重要和关键的。只有从数据生成伊始，就确定统一的编码规则和标准，才能在接下来的一体化平台上完成数据的关联，包括 BIM 模型与各类工程相关业务系统生成的电子文件数据、元数据的关联，才能通过数据的挖掘和分析，提供可视化的利用服务。在数据管理活动中，数据建模、主数据管理、元数据管理都包含此方面的工作，其方法都可直接用于电子文件数据管理对应环节之中。

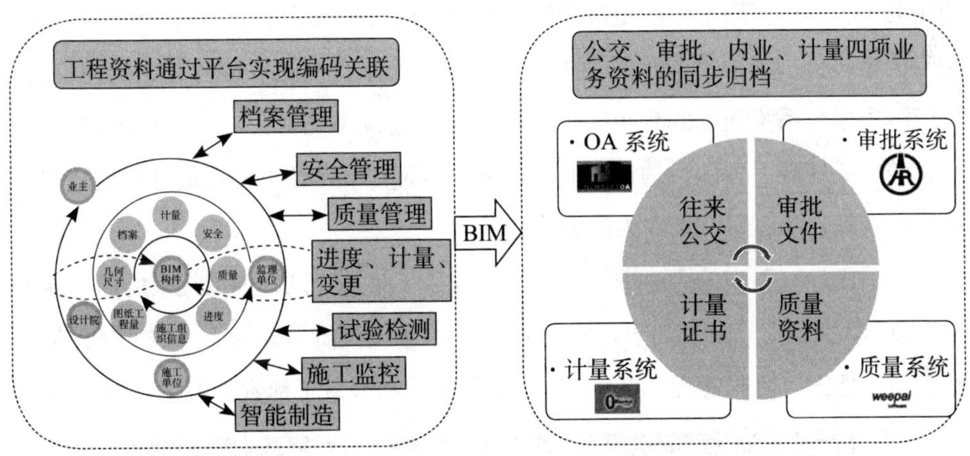

图 7-5 深中通道项目编码统一与关联示意图

建立统一的数据基础是企业未来信息化发展和数字转型的必然要求，这项工作是对信息化前期所出现的各种弊端的纠正，且会涉及企业各个部门的职能活动，其实现不可能一蹴而就。因此，需要制定明确、科学的实施规划，循序而图之。

7.4 数流层——电子文件单轨制管理的业务流程环境

数流层展示了工程项目建设的业务流程以及所使用的业务信息系统，它们代表了数据的来源和数据流转的通道，与数基层、数值层保持了双向联动，同时也需要数根层的支撑。业务信息系统是业务流程的数字虚拟体现，在工程项目建设中涉及的业务信息系统众多，而要将这些分别代表不同业务活动的信息系统进行有效整合，提高工程项目的建设效率和效益，就需要打破系统之间的壁垒，以数据作为驱动力，在一个统一的平台上推动高效率的流程重组和数据共享，并为高效率的数据利用提供可能。

本书之所以将业务与系统放在一个层面加以论述，目的是倡导建立与业务及其流程相匹配的信息系统平台。“平台是指计算机硬件或软件的操作环境，泛指进行某项工作所需要的环境或条件。计算机平台的概念基本上有三种，第一种是基于快速开发目的的技术平台；第二种是基于业务逻辑复用的业务平台；第三种是基于系统自维护、自扩展的应用平台。技术平台和业务平台都是软件开发人员使用的平台，而应用平台则是应用软件用户使用的平台。平台不同于系统，系统是专为做一件事或一类事而开发的一套系统。而平台则是以服务于系统为目的，专门解决多个系统问题的专业化产品。”[①] 通过建设系统平台，可以很好地通过模块化的方式展现工程项目的核心业务逻辑。同时，平台还可以形成并通过数据管理模块管理包括电子文件在内的各类数据。

目前已经有不少的企业围绕工程项目进行了此类尝试，前文提及的深中通道项目就研发部署了 BIM 协同管理一体化平台，实现“质量—安全—进度—计量—竣工图—档案”协同管理、项目管理、智能建造和智慧工地数据共享。如图 7–6。

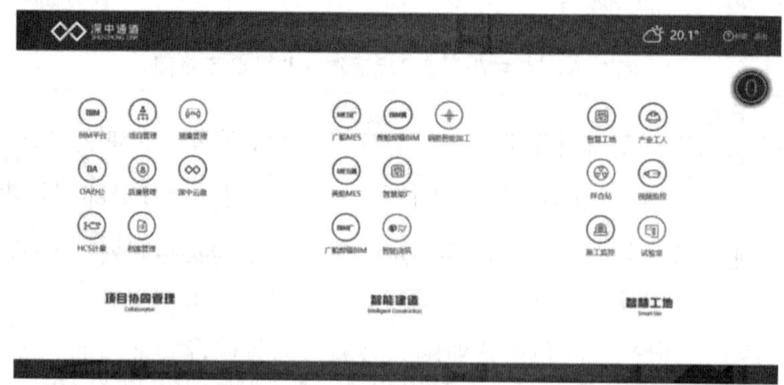

图 7–6　深中通道 BIM 协同管理一体化平台示意图

① 张宁，冷秀斌，梁帆．企业非结构化文档数据治理探究［J］．档案学研究，2020（06）：97–103.

7.5 数值层——电子文件单轨制管理的价值挖掘与服务

此处的“数值”不是一般意义上的数的取值，而是数据的价值。信息之所以可以成为一个新的时代，成为与物质、能源并列的第三大资源，就意味着信息对于人类和整个社会的生存、发展具有不可替代的价值。信息来源于数据，数据对于企业来说是核心资产。数据就像石油，需要经过提纯加工才能使用，才能实现其资产价值。数值层的职能就在于设置各类符合工程项目需求的应用模块，如搜索、文件上传下载、在线浏览、文件管理、在线浏览、文件数据关联、数据分析、可视化展示、知识图谱等。

该层直接面对用户，底层则是通过调用数基层的数据，通过信息系统平台提供的服务功能模块群得以实现。既然是服务，就应该坚持以用户需求导向，尤其是工程项目所涉及的多个利益相关方，他们在工程项目中扮演的角色和担当的职责不同，其需求自然也有所差异。因此，用户需求导向就要求数值层的设计要预先确定其目标用户群，明确每一类用户的具体需求，并将用户的需求贯穿于此层面系统功能的研发过程中，最终以最佳的效果呈现，从而彰显电子文件数据的资产价值。

7.6 模型应用案例

为了更好地解读本书的研究成果，本部分将运用前文论述的理念、基本原则、目标及模型对研究设定的对象——某基建工程项目加以应用，为工程项目电子文件单轨制管理提供可以参考的模板。

7.6.1 项目概述

（1）项目背景

建筑业在我国国民经济中起着重要的支撑作用。随着建筑行业的快速发展，企业对于建筑项目的管理要求也越来越高。过去建筑行业过多地关注成本管理、进度管理、质量管理而忽视了建设数据信息的传递，直接导致了建筑工程管理水平落后。[①] 因此，在建设工程项目管理中引入信息技术尤为重要。伴随着信息技术的发展，档案信息的数据化已取得了良好的进展，尤其是电子文件在基建项目中大量生成和使用，大数据技术在档案管理中的应用也进入一个新的发展时期。

为了实现基建项目的高水平建设，同时为了在此新工程项目中实现电子文件单轨制管理，实现档案工作与企业同步数字化转型，需要引入先进的技术手段。

该基建工程项目是某中央企业集团在未来新的总部基地所投资建设的总部大楼，该集团作为项目的业主方，高屋建瓴地提出要以建设项目三维电子文件（BIM）的管理为切入点全面推进电子文件单轨制管理，以此为日后的运维管理以及与总部基地统一管理的对接打下良好的基础。

建筑信息模型（Building Information Modeling，以下简称 BIM），是一种基于三维数字技术，集成建筑工程项目各相关信息的工程数据模型的数字化表达。通过建筑工程电子文件以原位挂接或整体挂接的方式与构件或建筑信息模型建立数据关联，挂接的建筑工程电子文件中的数据与建筑信息模型中的几何信息和非几何信息保持对应，使现场工程管理信息能及时地、准确地反馈到模型，达到工程建设整个过程可视化、信息化。项目设计、建造、运营过程中的沟通、讨论、决策都在可视化的状态下进行，有效解决建筑行业管理信息断层和信息孤岛的问题，从而大幅度提高生产效率和工程管理能力。

此外，该集团还将借助此项目结合企业已有的非结构化数据管理平台，将总部大楼工程项目所有的电子文件进行统一管理，实现无障碍的数据化应用。

（2）建设项目三维电子文件单轨制管理的难点

根据前期的调研，目前建设项目中生成和使用的三维电子文件的管理存在着以下问题：

· 数据孤岛：三维模型在建设、运维、档案管理的各个阶段独立应用，其构

① 游红宇，张颖 .BIM 模型和电子化建设工程档案的结合与管理［J］. 城建档案，2021（06）：12–14.

件编码等信息不统一，其数据易形成数据孤岛。

·变更难记录：模型在建设、运维过程中会有不断的变化，但是如何将这些变化关联，能够完整地展示这些模型的变化和数据变化情况尚未得到有效解决。

·归档范围小：在基于三维模型进行的建设与运维管理中，电子文件数据的丰富程度已经远超以往，归档范围不变将损失大量数据，影响档案业务。

·移交难：数字孪生概念已经形成多年，但是真正形成基于三维模型的全数字化移交很难，存在档案管理系统无法接收、移交成本过高等问题。

·检索难：检索只能通过拖拽模型，或者在构件库中靠视觉识别，而且构件描述方法不统一、模型命名规则不一致、标准不一致，很难查询。

·利用难：三维电子文件及其相关数据的档案利用，有别于传统二维图纸拿来就用的模式，具有丰富的信息数据属性，必须依赖信息技术来呈现，软件依赖性强。

7.6.2 建设目标

建立“基于三维模型的建设项目数据及电子文件全生命周期管理”，尽可能地实现电子文件的全面单轨制。系统构成示意图如下。

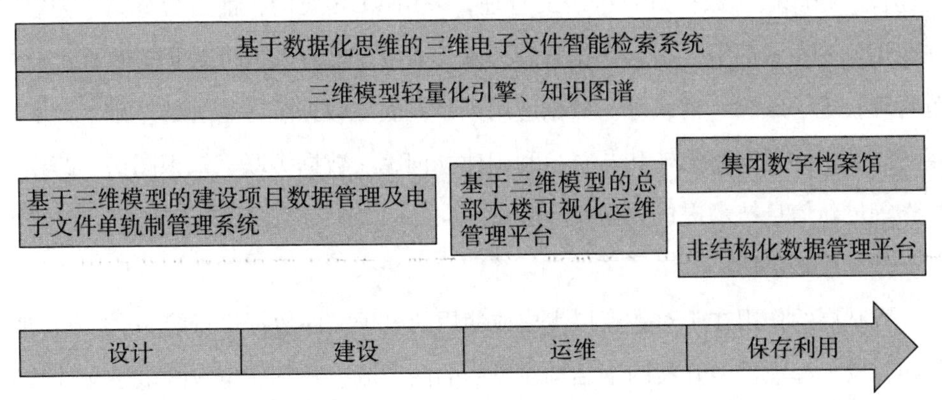

图 7-7　基于三维模型的建设项目数据及电子文件全生命周期管理

7.6.3 实施方案及关键技术

按照“四数模型”的设计方案，结合此项目的建设目标和需求，实施方案及关键技术如下：

（1）数根层——基础支撑

鉴于该项目属于案例模板，基础设施和基础理论部分内容暂且忽略。基础制度部分目前仅以该企业已有的相关制度为参考，项目实施过程中将配合其需求逐步完善其制度体系，形成《** 工程项目电子文件单轨制管理手册》。结合已有的项目成果，预期未来需求制定并补充和完善的制度内容包括但不限于：

· 工程项目电子文件数据归档与电子档案管理规范。其中最为重要的内容是电子文件数据归档范围，即工程项目电子文件数据资产目录。

· 工程项目电子文件分类表。

· 工程项目电子档案保管期限表。

· 工程项目电子文件元数据方案。

· 工程项目电子文件移交与长期保存规范。

· 工程项目电子表格模板清单。

……

基础技术方面，除了一些通常使用的主流计算机技术外，本项目将实施平台化建设，在底层对数据进行统一的管理，采用 VUE 架构，前后台分离，内容和在线浏览分布式部署。引入数据管理技术，对电子文件及其元数据进行标准化规范管理，统一编码、格式等。数据应用则是在底层数据统一管理的基础上，实现系统间数据的无障碍流转和共享，利用建立词库、数据关联、知识图谱、跨模态检索等最新信息技术提供数据资产服务。

（2）数基层

数基层的作用在于对数流层生成或使用的电子文件数据进行统一、规范管理。例如，以工程项目中开展的钢结构建设中的两个流程及其所生成的电子文件数据为例。流程一是钢结构进场之前，钢结构加工过程需上传加工照片，出厂时上传的行程码、健康码、驾驶证、装车照片、合格证，以及钢结构运输上传车辆、构件清单；流程二是钢结构进场时上传进场照片，入库时上传建立材料验收举牌、堆放照片，钢结构吊装施工时上传吊装、吊车支撑、履带吊行驶基础、安全员自拍、施工照片等，见下图。

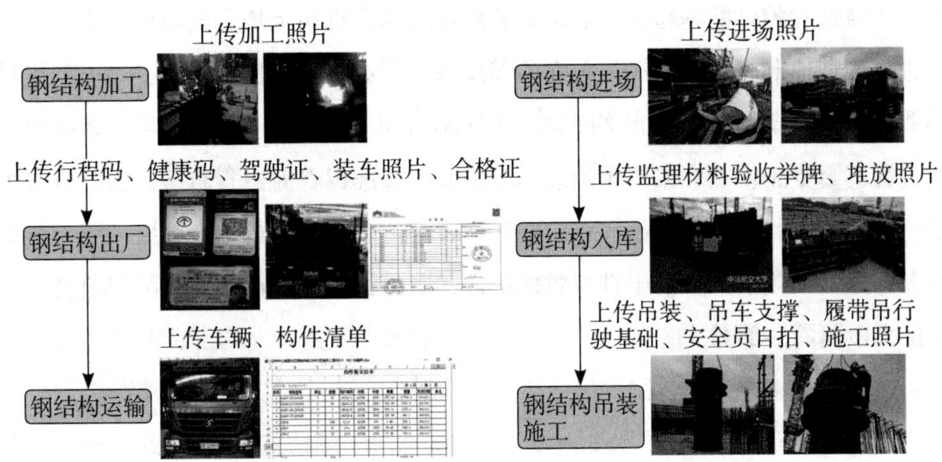

图 7-8　钢结构建设流程及其生成的电子文件数据示例

生成的这些电子文件数据由数流层进入数基层进行管理，大致步骤如下：

· 数基层要根据工程项目的性质和类型预先设定电子文件数据分类体系，也就是说可根据项目需要，配置项目文件目录结构，并设置每个目录下需要填报的各类文件模板，模板可以关联启动对应的表单和流程。所配置的数据可以复制到新的项目中去，并根据新项目的情况再进行调整。通过文件模板配置，可以实现文件的自动化组卷整编，可以定义该文件是否实行单轨制、进入的分类号、预设卷顺序、卷内顺序号、组卷规则等信息。此外，施工过程中的质量控制文件，可以根据项目划分表进行分类整理，可以基于实际项目中的各个工程步骤设置分类树，每个分类下添加各个施工过程模板文件。可以根据单位工程类型设置多套项目划分表。在项目中，可以按照实际需要进行施工步骤选择，选择结果可以自动生成项目划分表，根据所选的施工步骤，自动生成其相关的各类施工记录文件和报审文件。

· 在前期数据清理的基础上在每个类目下进行文件表单模板设置。电子文件表单是结构化数据，是业务活动处理和流转的数据承载体，同时也是日后与 BIM 三维模型加以连接的抓手，系统中的非结构化电子文件数据需要与相关表单进行关联挂接。因此，形成电子表单这个工具是非常关键的。系统应该具备提供专业的在线表单设计器功能，在线表单设计器支持直接在浏览器上对表单进行设计，并可以绑定流程进行发布。采用常见的功能和控件内置方法，使得创建表单非常容易，通过对控件的拖拉，然后再设置属性和事件即可完成，同时可对表单的版本进行管理控制。被引用的表单在被停用修改时必须进行版本管理，原有的表单不能直接被刷新，会生成新的版本，创建新的内置 ID，已经使用对应表单版本的流程不会受到影响。未启用的表单版本，在修改保存时进行直接刷新。表单中所定义的各单元格，都转换成对应的数据表字段。流程表单运行以后，所有数据都存储为结构化信息，便于进行数据统计、分析，由此，便可形成工程项目电子文件大数据的一部分。

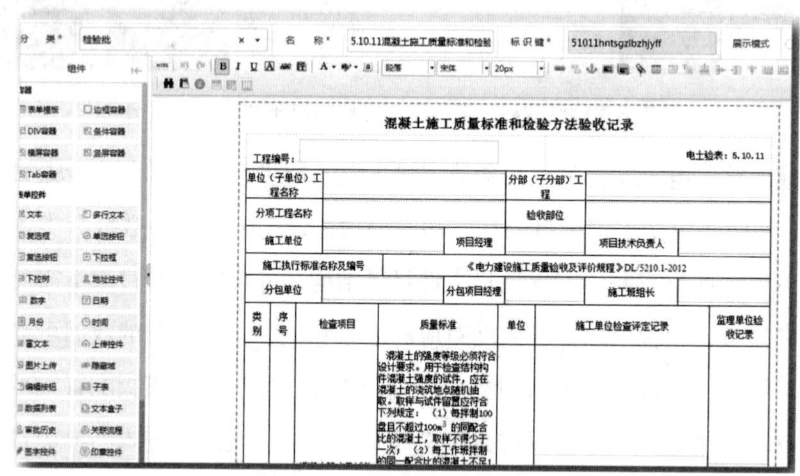

图 7–9　电子文件表单定义示例

（3）数流层

数流层涵盖了业务流程与系统平台建设两个方面。在电子环境中，业务流程的开展和电子文件数据需要在系统平台完成，所以，系统平台应该具有基于浏览器的建模工具，可在线编辑流程；支持子流程；多级会签；流程绩效（流程使用情况统计并可基于人 / 组织 / 时间进行多维度的统计）；流程帮助文档与表单提示；去中心化的分级维护管理（根据流程分组，设置不同的流程管理员）；为流程管理员、督办人员提供 20 余种维护工具，并可扩展。包括工作移交、外出授权、督办、流程关联资源（如数据字典、角色、组织架构等）维护、流程实例维护、任务实例维护等。

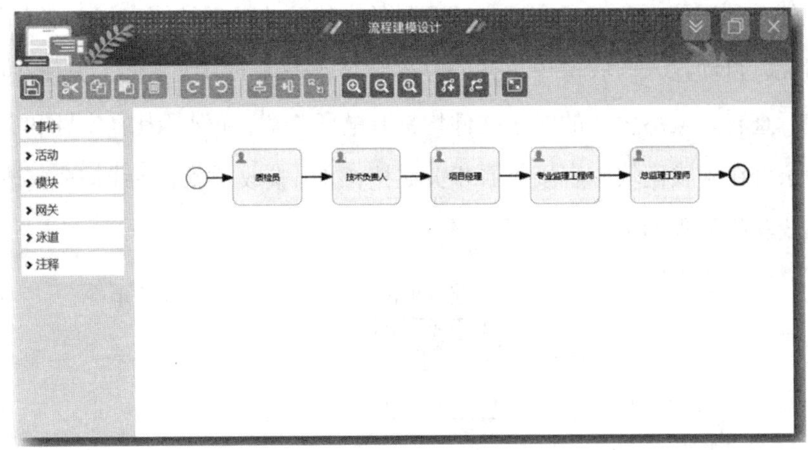

图 7-10　业务流程定义

平台化建设是以构建基于 BIM 的系统管理平台为目标的。根据前期对工程项目的调研和对该工程需求的分析，该平台初步设置了 12 个功能模块，分别是 BIM 通用模块、项目看板、工作台、模型协同、协同管理、设计管理、进度管理、方案管理、质量管理、安全管理、资料管理和通讯录。每个模块又可细分为若干子模块，具体如下图。

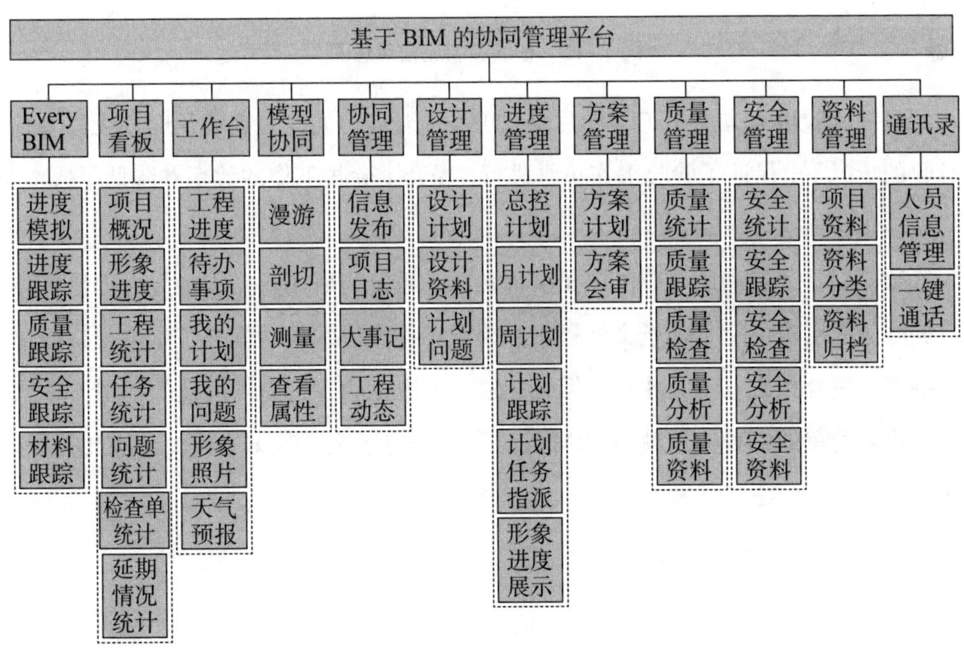

图 7-11　基于 BIM 的协同平台架构图

此外，利用该平台可以实现工程项目的在线验收。系统可以根据各单位项目划分情况，自动代入验收清单，并能够逐级穿透查询下一级文件，方便在审批过程中进行查看。最终生效的电子文件均带有电子签章，确保了其真实性和有效性。验收专家可在验收模块中直接查看相关文档，给出整改意见，在线完成整改闭环。

在线验收流程如下：

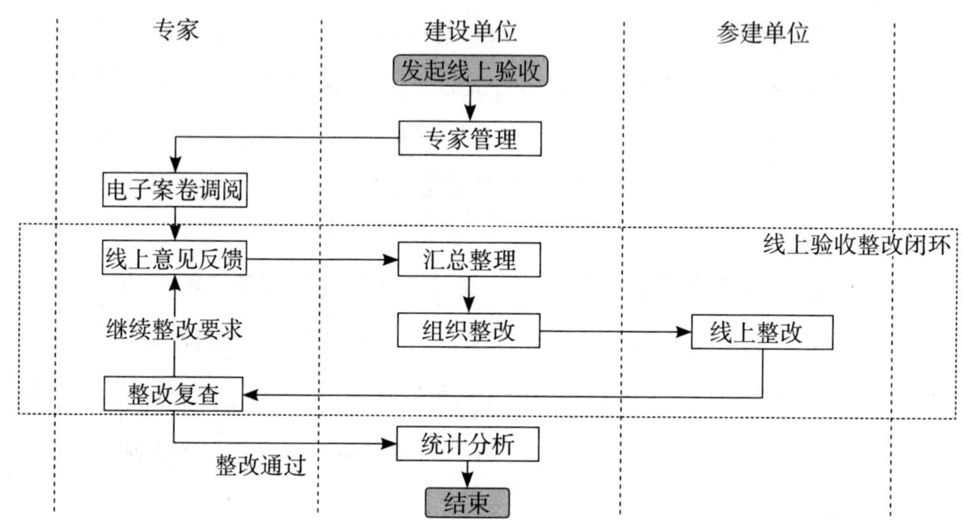

图 7-12　在线验收流程示意图

在线验收极大方便了工程项目验收工作的开展，尤其是在疫情时期无法实地验收的情况下，保证了验收工作正常进行，提升了验收工作的效率并降低了成本。

（4）数值层

数值层是通过利用下层的电子文件数据和系统，以用户需求为导向提供各类数据服务的层次。除了电子文件检索、跨模态检索等常规功能外，本项目拟通过三维模型整合相关电子文件及数据，并通过可视化的方式提供最佳的利用工具。

比较简单的一种方式就是 BIM 构件图——电子文件数据—验评节点相关联，如下图。

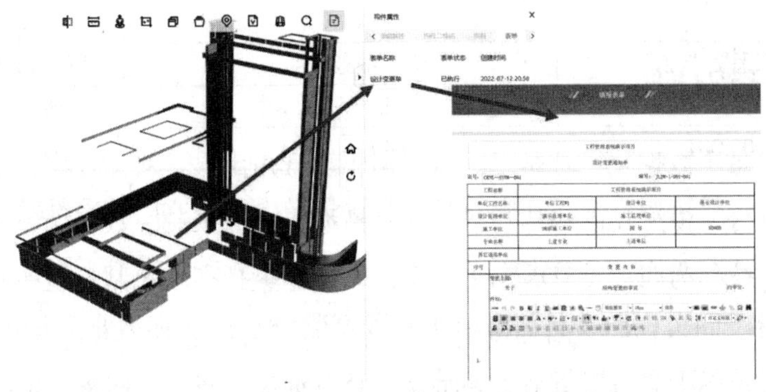

图 7–13　基于 BIM 模型可视化处理单据示意图

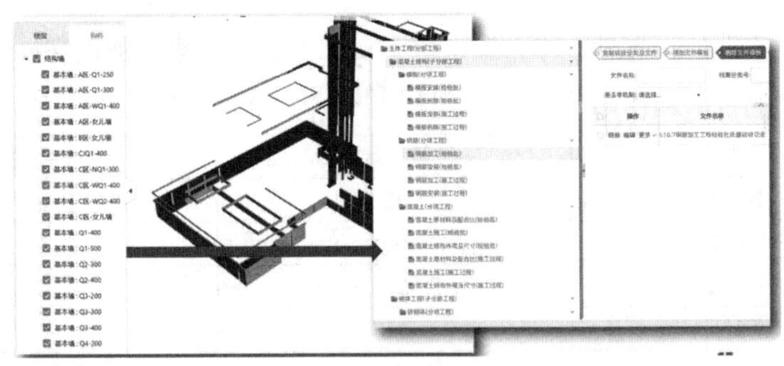

图 7–14　BIM 模型构件与验评节点关联示意图

在工程项目运维管理阶段，依然可以利用 BIM 模型与运维管理数据相结合，对建筑中的各系统、设备设施进行直观定位，并查看设备及维护信息。同时，实现“数字化”管理模式——对楼宇设备运行加以监控。

图 7–15　基于 BIM 模型的运维管理示意图

7.7 本章小结

本章立足于数据化管理基点，从数据驱动视角出发，对工程项目电子文件单轨制管理进行了模型化的构建与描述。该模型是由数根层、数基层、数流层和数值层构成，被称为四数（FDMM）模型。该模型囊括了单轨制管理中所涉及的众多关键要素，并就它们之间的逻辑关系进行了展示和论述。不同于以往的模型，该模型充分吸纳了本书一直强调和秉承的数据理念，将数据资产管理和智能化技术的先进理念都融入其中，从全新视角展现了电子文件单轨制管理的全貌。为了增强理论对实践的指导性，本章还选取了实际工作中的案例加以实操应用，更加明晰了模型的价值和作用。

第八章　工程项目电子文件单轨制管理之对策建议

本书是首次以单一业务活动——工程项目为研究场景开展电子文件单轨制管理全面、深入地研究，但最终的目标与国家开展的试点项目一样都是为了能够在社会各行各业更加广泛、更加快速地推进电子文件单轨制，助力档案工作乃至企业的数字转型，从而为国家的数字转型战略贡献力量。前文论及的基本理念、原则与目标以及管理模型都是从理论层面为电子文件单轨制管理进行把脉，明确方向并提供指导，但如果想切实地将电子文件单轨制管理落到实处，对具体的实施者有实质性的帮助，就必须坚持问题导向，将理论融入解决问题的对策当中。因此，本章将在第二、三章问题分析的基础上结合第四、五、六、七章的理论成果加以整合，针对目前工程项目电子文件单轨制管理中暴露出来的具有典型性和代表性的问题进行有的放矢的解答。

8.1 工程项目电子文件单轨制管理的问题总结与需求

前文提到，试点单位因得到领导的支持且投入了大量的人力、物力，因此电子文件单轨制推进较为顺利，实施效果较好，成为各自领域或行业的“领头羊”，但电子文件单轨制试点的情况并不能代表整个工程项目领域电子文件单轨制实施的普遍情况。调查数据、理论研究成果及试点单位所反映出来的问题进一步清晰地展示出当前我国工程项目电子文件单轨制管理的现状，以及推行电子文件单轨制过程中存在的一些典型问题和障碍。

8.1.1 理念转变过渡期有待缩短

理念对于人的行动具有一定的指导作用，而就建设工程项目电子文件单轨制而言，无论是已经通过验收的试点单位，还是正在进行电子文件单轨制尝试的项目，均在管理理念方面存在一定的偏差。

首先，容易忽视数据对于电子文件单轨制甚至企业整体数字转型而言的重要性。在企业中，开发部门、时间、目的、参与人员等的差异导致存在多个结构差异明显、依托平台不同的业务系统同时运行，这些系统的数据源相对独立和割裂，难以实现数据的在线共享和融合；同时，不同部门之间也存在“部门墙”，不同行业之间的数据也互不相通，导致企业内外部均存在大量的数据孤岛，一定程度上成为企业实现全面数字转型的“绊脚石”。就电子文件单轨制而言，依托于系统或设备形成的电子文件本质上也是数据，其对于企业或者项目而言具有重要的资产价值和驱动价值，但却经常被忽视。多数项目在推进电子文件单轨制的过程中仅在技术上发力，将突破重点局限于管理对象的转变即由传统载体档案转变为电子文件，长此以往，容易陷入“数字化”的困境而难以自拔，甚至错误地将数字化等同于数据化。数据孤岛、数据烟囱、数据鸿沟等问题，表面上看是技术不成熟所导致，但其本质上更多的仍是理念认知和管理方面的问题。

其次，很多项目并未真正实现单轨制理念的转变，对电子文件单轨制的本质认识不清。问卷数据表明，当前建设工程项目生成和使用电子文件已经成为普遍事实，但双套制做法依然占主导地位，很多项目仅将电子文件和电子档案的在线管理和保存作为原本档案管理的“双重保险”，对电子文件单轨制的认知存在一定的误区。此外，对于已经生成的体量巨大的电子文件，超过 50% 的企业从未开展过详细地摸底调查，有不少项目对电子文件的管理方式基本沿用传统的针对纸质文件的管理方式或参照其他类似行业的相关经验执行，并未以工程项目电子文件的特点和自身的管理需求为前提进行相应地调整和完善，电子文件开展单轨制的数据基础处于模糊状态，管理方式也基本处于“摸着石头过河”的状态。部分档案管理人员的理念转变并不彻底，对电子文件的认识和理解仍然受制于实体档案管理的桎梏。尤其是在工程领域中，工程项目多方参与主体如设计方、建设方、监理方等容易造成各不同主体之间对电子文件凭证性的接受程度难以达成一致。

最后，由于影响因素的多样性及缺乏成功的参照依据，各方对电子文件单轨制的实施仍处于探索阶段，对其过渡期的长短无法做出一个较为科学的估计，从而导致电子文件单轨制的实施缺乏整体设计与规划。与此同时，由于电子文件单轨制实施周期较长且涉及诸多要素，因此其产生的经济效益和实施效果难以用传统的绩效指标来衡量，与电子文件单轨制配套的评估体系存在一定空白，导致短时间内难以改变相关人员的固有理念。

由此可见，对传统档案管理方式的依赖、数据价值认识不清以及实施效果难以量化等诸多问题，均不同程度地阻碍了电子文件单轨制的有效推进。同时，虽然电子文件的法律效力已被认可，但从法律规定到彻底转变人们的固有理念被“自然”地接受仍需要一定的过渡与适应期。

8.1.2 制度体系有待健全

制度是支撑和规范电子文件单轨制合理合法运行的必要基础，是建立电子文件单轨制运行机制的重要保障。前文提到，当前电子文件单轨制实施所处的社会制度环境已逐渐成熟，不断修订与完善的相关标准和制度也在一定程度上起到保障和指导作用。但落实到企业及具体的工程项目中，制度体系的配套建设并不完善且相对滞后。

调查中仅有 67 家企业制定了关于电子文件管理工作的相关规范，其余的企业则基本沿用或套用传统纸质档案工作的相关制度，而电子文件与纸质文件在文件的生成、鉴定、保管、利用等方面均有较强的差异性，传统的管理制度无法满足多种类型电子文件管理及单轨运行的特性需求，这也导致必须以电子文件特性为前提，结合企业或项目自身需求制定工作规划及制度。同时，与项目或企业自身情况和需求相匹配的实施细则的建设及推行也相对不足，如工程项目中常使用的监控装置产生的实时监控记录数据是纯电子形式的且难以转换成对应的纸质版本，针对此类文件，传统的文件归档范围和要求适用性并不强，但是作为工程项目重要的监测类信息，有必要对其进行鉴定归档，而在实际管理过程中，关于该类信息的制度标准或参考依据明显不足，因此大多只能作为“账外”文件保存于原始生成载体中。此外，就元数据而言，《电子文件管理暂行办法》倡导元数据也应及时归档，但目前只发布了文书类、照片类和录音录像类三类电子文件的元数据标准，针对如数据库、超链接、三维模型等其他类型文件的元数据方案存在明显缺失。

本书中的两个试点单位在建设过程中均面临此问题，两个试点单位虽均在项目实施前制定了相关的工作规范、指南或制度，但仍存在一定不足。如 A 企业工程项目存在电子签章保管期限与签章服务商生存周期相冲突的问题，其原因在于目前尚无明确的要求或指定的服务商，因此存在大量的安全隐患。而 B 企业工程项目则是在建设过程中生成了大量的三维模型，但目前针对该类数据的保管期限、归档范围、元数据等要求存在空白。因此，制度体系建设无论在顶层设计层面还是实际操作应用层面，都仍有较大的改进空间。

8.1.3 系统建设有待完善

目前，国家档案局发布的与电子文件管理系统有关的标准及要求主要为《电子文件归档与电子档案管理规范》《电子文件管理系统通用功能要求》《电子档案管理系统功能基本规定》及最新发布的《电子档案管理系统通用功能要求》，且目前使用的电子档案管理系统也基本参照此类标准和要求进行设计与开发。电子文件和电子档案管理工作对系统的依赖性决定了系统建设在电子文件单轨制推行过程中的重要性和迫切性。问卷数据显示，被调研的工程项目中仅有 24.5% 的项目根据自身管理需求自行进行软件的开发设计，其余的项目均选择直接购买第三方软件公司的产品。无论是上述哪种开发方式，单就电子文件管理系统功能本身而言，都存在着不同程度的系统设计和功能不完善的问题。

前文提到，由于当前电子档案长期保存系统的实施较为滞后，因此本书主要对形成电子文件的各种业务系统和管理电子文件的电子档案管理系统两类系统环境进行分析，这两类系统在收集、整理、保管等基本功能方面实现较好，但其余的如自动或半自动分类与划定保管期限表、在线归档、自动采集元数据等功能则仅有少数系统（18.37%）可以实现，且通过深入了解后发现，这些表明可以在线实现的功能仍然以人工操作为主，如多数系统通过菜单下拉框的方式选择保管期限来进行归档电子文件保管期限的划分，而这种下拉菜单的方式与传统手工管理档案的方式并无本质上的区别，仅仅是借助系统将原先的部分工作进行了数字化，并没有真正发挥系统的作用，距离真正的自动化实现仍有较大差距。而无论是业务系统还是电子档案管理系统，其与元数据相关的功能设计及实现均较差，究其原因，本书认为，除了前文所提到的与元数据相关的宏观指导方案存在缺失外，工程项目本身存在的文件类型复杂、数据体量大、项目标段多、工序节点多、利益相关方复杂以及技术水平不足等均加大了元数据收集难度，同时也对系统实现元数据的自动收集提出了更大的考验。总体而言，当前工程项目电子文件单轨制推行过程中所涉及的相关系统功能并未真正发挥其应有的效用和价值，当前积极倡导的全程管理、前端控制理念在业务系统功能建设中也没有得到较好地体现。

8.1.4 机构与人员设置有待调整

据报道，在《关于在深化国有企业改革中加强档案工作的意见》的指导下，中国宝武钢铁集团①和中国长江三峡集团②分别于2020年2月和8月相继成立集团直属的档案中心。该举动进一步提升了档案机构的层级，极大地改善了原档案部门在企业中层级较低、管理弱化等现象，具有一定的突破性。相比之下，此次被调查的绝大部分企业或项目在档案部门设置及人员配置方面仍处于落后水平，如档案部门附属于其他部门、专业人员较少、管理培训不到位等。档案部门在企业中所处的职级偏低，加之归属部门所限，导致其协调能力较弱，话语权较小，难以实现电子文件单轨制所要求的“全程、全员、全岗位”管理目标。

同时，已设置的档案人员中多以兼职人员为主，缺乏专业的档案管理知识和

---

① 中国宝武钢铁集团有限公司档案中心成立［EB/OL］.［2021-05-14］.http：//www.zgdazxw.com.cn/news/2020-03/06/content_302741.htm

② 中国三峡集团成立集团直属的档案中心［EB/OL］.［2021-05-14］.https：//www.saac.gov.cn/daj/qydagz/202008/8d3ae648c6854172ac9d973f8a58e9e6.shtml

系统的学习培训，工作靠自行摸索，这势必会造成管理工作的混乱，为之后的管理及利用埋下一定的隐患。此外，还有部分工程项目表明，其档案人员存在年龄老化严重且后续接替人员断档的问题。当前档案的信息化建设及电子文件单轨制推行需要依靠大量既懂得相关信息技术又懂得档案管理的专业复合型人才，而人才的缺乏势必会成为电子文件单轨制工作顺利推进的阻碍。

8.1.5 资金投入有待调配

资金是企业开展档案信息化与数字转型的必备要素之一，资金投入不足或不合理必然会导致电子文件单轨制的推行举步维艰。过半的被调查企业曾针对电子文件管理问题进行过大量的资金投入，投资规模在几十万到几百万之间。其中，超过 80% 的企业表明其资金主要用于相关设备的购买、系统的开发维护以及档案数字化、项目外包等，仅有不到 20% 的企业针对人员或相关问题的调研进行过资金投入。从这些数据可以看出，若资金主要用于设备购置和系统建设，说明该企业或项目的档案信息化仍处于初级阶段。

而要实现电子文件单轨制管理的高阶目标，需要在此基础上开展针对电子文件本身的数据清理及其需求的调研，摸清“家底”，但此项工作的推进需要耗费大量的时间、人力、资金等。根据深入调研得到的数据，某企业对一个中等规模的新能源工程项目进行所有电子业务表单的梳理和清理，以专人专项的方式需要耗时 6 个月，基本费用约为 48 万元。由此可见，虽然此项工作极为重要，但是由于资金、人力等因素的制约，容易被企业忽略或直接绕开。

8.2 工程项目电子文件单轨制管理的应对策略

本书认为，以上所阐述的工程项目电子文件单轨制推行过程中存在的问题具有一定的广泛性和普遍性，能够较为全面地反映出其发展现状及共性难点。结合实际情况及企业数字转型背景下工程项目电子文件单轨制管理期望达到的目标，本书提出如下建议。

8.2.1 转变理念，实现数据化管理

传统的档案管理工作中主要以标准为参照，以档案本身为管理对象，以手工管理为主要方式，即使在引入电子档案管理系统后，只将其作为传统纸质档案数字化的记录和统计工具而不作为电子档案数据的管理平台，这种不彻底的转变归根结底在于其理念转变并不彻底，将档案数字化等同于文档管理的数字转型。随着数字转型的逐渐深入，首先需要转变的除了平台系统的搭建、业务的融合外，最重要的是传统管理理念的转变。在企业数字转型背景下，传统的手工管理经验和做法为电子文件单轨制的推行提供了一定的参考作用，但其并不完全适用于单轨制的推行和实践，尤其是如分库思维、集中存储等传统管理思维违背了电子文件单轨制转变的初衷。同时，传统的档案管理工作流于表面而未进行深入地管理，未认识到档案管理本质上是数据管理以及数据是文档管理数字转型的核心要素。在数字转型背景下，数据成为经济发展的新引擎，传统的、固化的档案思维应该在以尊重电子文件形成客观规律为前提的基础上向数据驱动、档案数据资产、联合管控等思维转变。相较于传统档案，电子文件数据本身是活的，即是在不断产生和更新的，同时，电子文件数据也是可以被灵活使用的，由此驱动企业或项目的运行，变传统的被动响应为主动赋能，发挥电子文件数据的驱动价值。当然，电子文件数据驱动及电子档案数据资产的实现不是简单的系统之间的数据交互，也不是通过某类系统实现技术上的打通，而应该是业务层面、系统平台层面、数据层面及其相互的打通、融合与交互。

当前电子文件单轨制管理试行的过程中，一些发展较快的试点单位已经完成了从管档案到管数据的观念转变，变传统的被动接收为主动出击，挖掘电子文件和电子档案的数据资产价值，提高其利用率，这也是档案部门在信息时代的立身之本。如在前端控制及全程管理理念的指导下，以上两个试点项目均认识到，相较于传统的文档管理，数据已经成为文档管理数字转型的核心要素。因此在项目实施前，两个试点均从全局的视角出发，参照相关标准，结合行业特点、前端业务及自身需求和关键节点，从人、货、场景、环节等多维度厘清数据流和业务流并形成数据闭环，这是推行电子文件单轨制过程中非常关键的一步。同时，还将

数据流向及其关键节点通过可视化的形式进行展现，更加清晰地了解项目进度及文件编制进展，保证项目按时按点、合法合规地形成。此外，两个试点在厘清数据流及业务流的情况下，以系统平台为依托，做到无论哪个环节形成电子文件，都能准确配套相关表单，形成带有标准版式的电子文件，这也就避免了后续由于电子文件格式不一致而造成管理困难的出现。

当前，数据驱动型的价值理念正在逐步渗透到各个领域，随着数字经济的发展，传统的以技术为核心驱动的企业也逐渐向以数据为核心驱动的方向转变，进而发挥数据的资产价值。此外，企业数字转型背景下的数据化理念还应该认识到电子文件数据的重要资产价值，电子文件数据资产化不仅是文档管理数字转型的必经之路，同时也是整个企业数字转型的关键环节，深入电子文件数据内容，挖掘电子文件数据的价值,真正将电子文件数据“原矿”转变为电子文件数据“金子”。

8.2.2 调整策略，实现精细化管理

传统的档案管理属于粗放化管理模式，其仅仅是保证了档案文件本身的安全和利用，而这种管理模式对于没有固定实体的电子文件而言不再适用。早在20世纪初，“科学管理之父”泰勒便提出“精细化管理”[①]的概念，他指出，精细化管理是建立在常规管理基础之上的，并将其分为规范化、精细化和个性化三个层次。在文档管理数字转型方面，该种理论仍然具有一定的适用性。

在企业数字转型背景下，电子文件单轨制推行过程中涉及的要素更加多样且分散，因此可以在借鉴精细化管理理论的基础上，以电子文件数据为管理对象，对与电子文件全生命周期相关的各个环节进行一定的梳理和细化，将数据化理念、资产化观念、全程管理理念等贯彻到每个关键环节中，同时细化实际管理过程中的操作细则，将与电子文件相关的责任者、文件、流程、系统等多种叠加要素和关键节点进行梳理与确认并融入到电子档案管理系统的功能设计中，从而明确电子文件和电子档案管理工作每个环节的具体要求和目标，厘清各要素之间错综复

① ［美］弗雷德里克·温斯洛·泰勒著，居励、胡苏云译．科学管理学原理［M］．成都：四川人民出版社，2017.

杂的关联关系，促进各相关单位及责任者联合管控的实现。当然，在精细化管理的过程中也应该找准单轨制推行的“痛点”，制定更加具有针对性的管理方案和措施，一定程度上倒逼企业或项目构建一套与之相匹配的组织和制度体系。如在现有的元数据方案的基础上，各企业和项目可根据自身行业特性及实际情况，制定适用于本项目电子文件管理工作的元数据方案并对其进行细化，如包括具体的元数据项、元数据留存环节、留存方式、系统对元数据的支撑、相关元数据之间的关联方式等，一方面指导本企业或项目电子文件元数据收集和归档工作的展开，另一方面也为其他项目编制元数据方案提供借鉴参考。

整体而言，当前的制度体系处于一种较为笼统的状态，已有的制度之间独立性较强，主体一致的相关制度之间的关联性也相对较差。而精细化管理模式下可以厘清电子文件单轨制推行的实际需求，从保障电子文件四性和发挥电子档案价值的角度出发构建的制度体系将更加具有实用性，改变以往的自上而下的制度体系，以实际情况及需求倒逼制度体系，以加强其顶层设计。此外，精细化管理在完善制度体系的同时，也需要加强各个制度之间的呼应、配套和协同，使其真正发挥自身的约束和指导作用。当然，并不存在所谓的完全正确的、唯一的电子文件单轨制管理方案，各企业或项目应该在共性和个性共存的基础上，根据以往管理的成功经验和电子文件的运行规律，制定适合自身企业及项目的管理策略。

8.2.3 融合技术，实现智能化管理

在企业信息化早期，由于其业务较为单一，系统建设的问题并未暴露。但随着企业规模和业务的快速扩张，各业务部门只能并行开发各自的业务系统以满足业务需要。这种做法虽然解决了燃眉之急，但随着时间的积累，企业的数据资源被隔离在多个独立的系统中。这些数据资源既无法跨系统、跨业务赋能，也无法让所有业务数据实现实时共享和调用，同时也使得数据资源的归档更加分散无序，加大了电子档案的管理难度。而电子档案管理系统是管理电子档案不可或缺的工具和平台，其理想状态是各项管理功能都能由系统自动或半自动地完成，尽量减少人工参与，而现实状况是目前已有系统的多数功能只提供下拉菜单供档案人员

手动选择，其本质上还是传统档案管理的数字化，分散的系统资源及功能的“半自动化”一定程度上阻碍了电子文件单轨制目标的实现，难以发挥电子档案的驱动作用和资产价值。

因此，在已有的系统基础上，可以引入先进的、成熟的平台化技术来将各系统分散的资源进行集中管控，并且实现电子文件的数据化、自动化、智能化管理，由此降低管理工作过程中人机对话成本与资源浪费，提高管理质量和效率。本书所选取的两个试点项目均在管理过程中实现了可视化管理，可以较为清楚地展现管理节点及流转结果，具有较好的约束作用。如 A 企业风电建设项目实现了项目的全流程可视化管理，对于已经填报的表单，系统会根据工程进度对相应节点的文件进行校验并使用不同颜色标记校验结果，如灰色边框代表此文件不涉及该流程，蓝色边框代表正在进行中，绿色边框则代表已经完结的流程，对提交进度滞后的文件则会通过标红的方式进行提醒，以此来保证项目文件与工程进度的一致性。通过可视化视图可以清楚地看到不同建设项目各标段运行情况及整体进度，既可以总览全局，也可以为项目组的进度控制提供一定的参考依据。

此外，除了引入如区块链、云计算、5G 等技术外，还可以尝试引入数据中台，充当模型中的数基层，探索其在电子文件管理领域的可行性。数字中台并不是传统意义上的大数据平台或数据仓库，其核心工作也不仅仅是将企业运营的全部数据收集起来进行简单保存，其本质上是一种共享服务平台，即将原本多次重复建设和保存在多个独立系统内的数据、基础架构和其他数字能力以共享的方式提供给各业务部门独立或组合使用，避免重复劳动的同时充分发挥系统的作用和数据的价值。该平台以大数据技术为依托，将企业运营所产生的数据看作是企业的数据资产来进行全局性地规划和管理，使不同部门、不同层级的数据使用者可以借助该平台实现数据的利用。这样一来，各部门将不再受已有系统的影响且能够重新整合已有的数据资源，改变了原来数据资源独立、分散、价值不高等问题，也避免了当前构建多个数据接口的麻烦，电子文件单轨制的实施也将更加容易，同时也为实现电子文件单轨制的数据化管理、精细化管理和科学化管理奠定了一定基础。

8.2.4 优化配置，实现科学化管理

虽然企业在电子文件单轨制管理的推行中期望通过系统的引入和新技术的应用来弱化或减少人工的参与和干扰，但“人”这一关键要素作为各个环节正常运行的“螺丝钉”，尚不具备被完全取代的时机和条件。在电子文件单轨制管理的实施中，传统的档案管理理念、管理对象、管理目标、管理方式等都发生了前所未有的变化，数字档案馆的建设及传统载体档案数字化和增量档案电子化的推进也给档案工作人员带来了巨大压力，传统的档案工作人员在技术应用、新理念的转变、数字能力的培养等方面均需要一定提升，掌握数字化、网络化、智能化管理知识和技能的管理人员存在大量缺失。纵观世界，各国在变革和转型过程中均注重人才的培养,如为加快数字转型,德国政府于 2016 年提出“数字型知识社会”教育战略，该战略确定未来 10~20 年从数字化设施、数字化教育培训、法律框架、教育机构和组织的数字化战略、国际化等方面入手，旨在通过完善的教育体系和战略,全方位地培养数字化人才。再如为满足数据分析需求,英国政府发布了《英国数据能力战略》并提出通过资助、比赛、奖学金等形式支持高校培养合适的人才并以高等学府作为依托合作构建大数据研究中心等。近年来，中国人民大学信息资源管理学院结合发展趋势不断成立的电子文件管理研究中心、档案事业发展研究中心等致力于不同方向的研究中心和举办的多种讲座论坛为培养素质较高的电子文件管理人才提供了渠道和可能，企业可以借助多种渠道开展对档案管理人员的职业培训，提高管理人员的专业技能，为优化档案管理人才队伍提供一定路径。此外，前文也提到，整体而言档案部门设置层级较低导致其话语权不足、协调能力较弱，在企业的数字转型顶层设计中也常常被弱化，相关系统的引入和新技术的应用也远未发挥应有的价值，一定程度上阻碍了管理工作的创新和资源的统筹协调，而档案部门在企业的管理中起着承上启下的重要作用，传统的后置工作模式[①]已经不再适用，需要结合实际情况及组织架构提升档案部门的层级，提

① 刘春凤.“大数据”时代的企业档案工作模式转型［J］.兰台世界，2020（S1）：136-137.

高档案部门的协调能力和话语权。

在资金投入方面，充足的资金投入固然很好，但是其投入数量并不是绝对的，只有投入金额与项目数字转型水平及需要相匹配，才能起到积极的推动作用。如果直接投入过多则意味着可能数字转型过于激进，其所带来的风险也将更大；而如果投入较少，则可能转型力度不足，难以深入业务的变革中；合适的、恰当的资金投入需要有远见、分阶段、有计划地部署，最终实现数字转型。

8.3 转型过渡时期应该关注的问题

在对多家企业进行实地考察、访谈并阅读大量相关文献的基础上，作者发现关于电子文件及其单轨制的理论研究成果似乎明显领先实践，电子文件单轨制管理在落地时遭遇了种种亟待解决的问题，这些问题看起来是比较“细碎”、具体的问题，但实际上从另一方面反映出一种革命式的档案管理模式要想替代传统的旧模式、完全落到实处并顺利运转起来并非易事。无论是档案人员还是企业的领导或者业务部门的人员多多少少都存在这样或那样的困惑，其中最普遍的问题就是如何处理新旧模式交替的问题。甚至是一些采取单轨制的试点单位在项目验收的时候仍然要受控于旧的验收标准而不得不混用双套制。

前文数字转型概念界定中曾论述了数字转型与数字化转型的区别。数字转型在英文中的叫法有两种“digital transition”“digital transformation”。这两种叫法其实是有区别的，深究起来，前者应该叫数字化转型，后者则为数字转型，“化”意味着转变的过程，所以数字化转型代表着从物理形态向数字形态转变的过程；数字转型则代表了转变过程的最终目标，即完全变成数字形态。二者的区别就像是电子银行与比特币的区别。因此，数字化转型是数字转型的基础和必经阶段。在这个阶段，新旧模式交替必然会产生激烈的“碰撞”，会出现二者并存的状态，即双轨制或双套制。在理论层面，档案学也面临着新范式、新理念、新方法的诸多挑战，这些都是在所难免的。针对数字化转型过渡阶段，本书认为应该正确处理新旧事物之间的关系，本着用新不弃旧的原则，保持理论、管理的连续性，保持记录的延续性，不溯及既往。因为人类对于记忆以及作为记忆主要承载体的档案的依赖一直存在，记忆是自然界、人类社会存在并延续下去的必要条件。记忆构成了历史，二者都是连续的，而档案学和档案工作的意义就在于尊重历史原貌、维护历史真实。所以，在全社会数字转型的过程当中，一定会在某个比较长的时间段，既要面对传统的实体文档管理又要面对虚拟的电子文件管理，二者同时存在，这也是双轨制存在的合理性。但应该注意到，这并不是最终的状态，单轨制才是未来的发展方向。二者是接力式的替代，而不是后者对前者的矫正与覆盖。因为文档这种记录形式的价值是多元化的，文物价值或者其他历史价值都要求保持其历史性。

当然，用新不弃旧不能过度解读而变成一味地抱残守缺。所以，还必须强调理念转变的重要性和意义，人是意识的动物，我们在电子文件单轨制实践中遇到的诸多问题，归根究底还是理念的问题，理念是根本，理念如果仍然停留在以往的文本化和经验化的思维模式之上，那么再先进的技术工具、投入再多的人财物也很难达到预期的目标。“技术智能化”之所以作为原则提出来，原因就在于我们很多系统功能、技术工具在设计时仍然是模仿手工的方式，并没有考虑电子环境的特点，从而造成了工作效率低下，无意义的重复劳动大量增加，甚至成为单轨制的障碍。

8.4 本章小结

本章主要结合前文调查问卷数据、两个试点的运行情况以及对其他试点单位的了解，梳理并归纳出我国当前工程项目电子文件单轨制都不同程度地存在着理念转变过渡期有待缩短、制度体系有待健全、系统功能有待完善、机构与人员设置有待调整、资金投入有待调配等问题，并根据这些问题，有针对性地提出要在观念、管理策略、技术、组织体系等方面进行一定转变，以此来实现数据化、精细化、智能化和科学化管理。当然，在研究过程中，本书也发现，企业数字转型带动的文档管理转型是一种整体性的而非单一的转型，其复杂的要素均对文档管理的数字转型乃至企业的整体转型产生影响，具有“牵一发而动全身”的效果。同时本书也认识到，仅仅对某一相关要素进行转型而达到整体转型的目的是不可能的，而在多种复杂的要素中也必然存在着短板，不能一味地追求实现目标而不顾“木桶效应”，只有所有的要素齐头并进，电子文件单轨制的实施才能取得良好的效果并发挥真正的作用。

综上而言，工程项目电子文件单轨制的道路不是一帆风顺的，尤其是在转型这样一个过渡期，其在推行过程中遇到了诸多问题，严重阻碍了文档管理数字转型乃至企业整体数字转型的实现。针对已经发现的各类问题，本书力求在科学理念及模型的指导下结合实际情况并参照已有的经验做法，提出具有一定适用性且便于落实的相关对策，为存在以上问题或障碍的其他企业或项目提供一定的参照和借鉴。同时，对转型期应该关注的“用新不弃旧”、坚定数据化理念及技术智能化等问题进行了再次的重点强调。

第九章　结论与展望

身处信息时代，变化似乎成为了唯一不变的法则。从起笔到结束，这期间我们对于本书主题的理解和认知随着研究的推进也日益深化，最终演变成了从理念、本质、范式到模型、流程、方法的全面思考。电子文件单轨制管理不是对传统实体文档管理简单的修修补补，不是单纯使用信息技术或工具就可以解决的问题，而是需要站在哲学层面对档案、档案工作重新审视，对电子文件这种记录型数据采用新的视角去看待，用数据化的理念去指导整个管理活动的开展，唯此才能达到存与用的既定目标，才能在更高的层面去实现所谓的人类历史、文明、记忆的延续与留存。

本书成果首次明确地提出了电子文件单轨制管理的新理念——数据化，并按照逻辑脉络，从数据化生存、数据资产、数据驱动、数据治理四个方面较为完整地阐释了一套电子文件单轨制管理的理论逻辑体系。同时聚焦工程项目电子文件单轨制管理，通过较为详尽地摸底调查与考察，以问题为导向，将理论成果转化为可用于指导实践的策略与方法。这些具有实操性的策略与方法除了在专门的章节集中论述之外，在案例分析与案例应用部分亦有体现，案例分析是对现状的客观展示，里面既包含问题，也包含可以作为最佳实践的经验；案例应用是对管理模型的验证，也是简要的实施指南。

后现代相对主义认为：认识世界的方式多种多样，内容迥异却同等有效，而科学只是其中一种方式。的确，在人文和社会科学领域达到目标的途径可能不止一个，唯一性在这里很难找到。本书的研究算是一次有益且有效的探索，打开一扇通往未来更多可能性的门，电子文件单轨制管理目前处在快速成长期，未来可期，但是路途仍然坎坷，信息技术的飞速发展会让其同时面对机遇与挑战，坚定正确的理念，不断地调整应对策略，最终完成档案工作数字转型目标。

参考文献

中文文献（按拼音字母顺序排列）

一、图书专著

[1] 冯惠玲，刘越男等．电子文件管理教程（第二版）[M]．北京：中国人民大学出版社，2017.

[2] 高伟．数据资产管理：盘活大数据时代的隐形财富[M]．北京：机械工业出版社，2016.

[3] 宫晓东．企业档案管理体系的建设与运行[M]．北京：中国工商出版社，2014.

[4] 胡杰武．工程项目风险管理[M]．北京：清华大学出版社，2015.

[5] 姜浩．数据化：由内而外的智能[M]．北京：中国传媒大学出版社，2017.

[6] 刘荔娟，王蔷．现代项目管理[M]．上海：上海财经大学出版社，2016.

[7] 尼葛洛庞帝著，胡咏译．数字化生存[M]．海口：海南出版社，1997.

[8] 全国科学技术名词审定委员会．计算机科学技术名词（第三版）[M]．北京：科学出版社，2018.

[9] 涂子沛．数据之巅：大数据革命——历史、现实与未来[M]．北京：中信出版社，2018.

[10] 托马斯·塞缪尔·库恩．科学革命的结构（第四版）[M]．北京：北京大学出版社，2012.

[11] 维克托·迈尔·舍恩伯格，肯尼斯·库克耶．大数据时代：生活、工作与思维的大变革[M]．杭州：浙江人民出版社，2013.

［12］中国双法项目管理研究委员会 . 中国项目管理知识体系（C-PMBOK2006）［M］. 北京：电子工业出版社，2006.

［13］［美］彼得 · 德鲁克 . 巨变时代的管理［M］. 北京：机械工业出版社，2006.

［14］［美］弗雷德里克 · 温斯洛 · 泰勒著，居励，胡苏云译 . 科学管理学原理［M］. 成都：四川人民出版社：2017.

［15］Elizabeth FK. Digital Asset Management: Content Architectures, Project Management, and Creating Order Out of Media Chaos［M］.Apress, 2014.

二、期刊论文

［1］安小米，白文琳，钟文睿，孙舒扬 . 数字转型背景下的我国数字档案资源整合与服务研究框架［J］. 图书情报工作，2013，57（24）：44-50+78.

［2］鲍志芳，马嘉悦 . 基于单轨制、单套制、双轨制和双套制概念辨析之文件管理模式探讨［J］. 档案学通讯，2018（04）：30-34.

［3］毕建新，李东，刘卫，刘开强 . 电子文件单轨制管理探索——以国家自然科学基金项目电子文件为例［J］. 档案学通讯，2019（05）：58-64.

［4］蔡盈芳 . 尝试、破冰、扩围、再出发——企业单轨制电子文件归档管理的回顾与展望［J］. 浙江档案，2019（05）：24-26.

［5］蔡盈芳 . 企业档案工作的创新与发展［J］. 档案学通讯，2021（01）：16-20.

［6］陈忠煜 . 基于大数据的医院电子档案归档管理系统研究［J］. 自动化技术与应用，2022，41（01）：162-166.

［7］崔文彩，李小三 . 大数据在 HSE 管理中的应用研究——以海洋石油变更管理为例［J］. 安全与环境工程，2016，23（04）：154-159.

［8］冯惠玲，刘越男，马林青 . 文件管理的数字转型：关键要素识别与推进策略分析［J］. 档案学通讯，2017（03）：4-11.

［9］冯惠玲 . 电子文件与纸质文件管理的共存与互动［J］. 中国档案，2003（12）：40-42.

［10］冯惠玲 . 走向单轨制电子文件管理［M］. 档案学研究，2019（01）：88-94.

[11] 管先海，何思源，武梦雅．电子文件归档管理模式探究［J］．档案管理，2017（06）：37-41.

[12] 桂美锐．电子档案“单套制”管理的多元主体协同机制［J］．档案管理，2019（01）：18-21.

[13] 郭金光，唐伟．纸质档案与电子档案互动发展的探讨［J］．陕西档案，2017（02）：44-45.

[14] 侯忠生，许建新．数据驱动控制理论及方法的回顾和展望［J］．自动化学报，2009，35（06）：650-667.

[15] 胡娜．关于工程项目管理中电子文件管理的探讨［J］．中国管理信息化，2019，22（04）：176-177.

[16] 黄炜，张皓，丁刚．施工企业智慧建造集成系统数据驱动实现研究［J］．施工技术，2020，49（24）：4.

[17] 加小双．后现代档案学理论的范式成长与范式批判［J］．档案学通讯，2021（03）：34-39.

[18] 李海涛，郭静．面向单轨制改革的广东省电子文件证据法规政策探析［J］．档案学通讯，2021（06）：40-49.

[19] 李潆．广东高速公路建设项目电子档案管理实践［J］．中国档案，2019（11）：62-63.

[20] 林杨．非数字原生企业数字化转型实践与认识——以中海石油智能油田建设示范项目为例［J］．石油钻采工艺，2021，43（04）：552-558.

[21] 刘春凤．“大数据”时代的企业档案工作模式转型［J］．兰台世界，2020（S1）：136-137.

[22] 刘越男，吴云鹏．基于区块链的数字档案长期保存：既有探索及未来发展［J］．档案学通讯，2018（06）：44-53.

[23] 刘越男，杨建梁，张洋洋．单轨制背景下电子签名的归档保存方案研究［J］．档案学通讯，2019（03）：26-35.

[24] 刘越男．区块链技术在文件档案管理中的应用初探［J］．浙江档案，2018（05）：7-11.

［25］刘越男．数据管理大潮下电子文件管理的挑战与对策［J］．北京档案，2021（06）：4-9.

［26］陆佑楣．工程项目管理存在的主要问题［J］．建筑经济，2008（06）：5-7.

［27］马林青．国外政府电子文件管理规划分析及经验借鉴——以美国、澳大利亚文件管理的数字转型为例［J］．档案学通讯，2015（05）：73-77.

［28］马琳，王艳，杨义，陈晓艳．关于“电子签章”技术在抽水蓄能电站工程文件单轨制归档中的应用研究［J］．水电与抽水蓄能，2020，6（03）：113-116+120.

［29］毛双惠．试论数字转型背景下的科研事业单位档案管理工作［J］．城建档案，2021（11）：24-26.

［30］欧阳剑，周裕浩．数据驱动型智库研究理念及建设路径［J］．智库理论与实践，2021，6（03）：9.

［31］齐钒宇，李晓蕾，商云涛．我国地质资料向“单轨制”转型前景及面临问题分析［J］．中国矿业，2018，27（10）：75-77+84.

［32］钱毅．电子文件“单套制”管理相关概念的辨析与思考［J］．档案学通讯，2017（04）：8-13.

［33］钱毅．技术变迁环境下档案对象管理空间演化初探［J］．档案学通讯，2018（02）：10-14.

［34］丘美嫦．高速公路项目实施电子档案单轨制的可行性［J］．交通世界，2018（19）：140-141+149.

［35］帅振威．电子发票报销的无纸化探讨——数字化转型助力解决高校科研经费“报销繁”［J］．财会通讯，2021（07）：148-151.

［36］孙万兵．数字经济时代数字劳动的基本特征及其当代价值［J］．现代交际，2021（12）：214-216.

［37］孙新波，孙浩博，钱雨．数字化与数据化——概念界定与辨析［J］．创新科技，2022，22（06）：12-30.

［38］王红敏，谢志成．建设项目电子文件归档和电子档案管理试点研究［J］．中国档案，2021（03）：68-69.

[39] 王会粉，胡心语 . 建设项目电子文件单轨制风险研究[J]. 档案管理，2020(06): 52-55.

[40] 王凯戎 . 电子病历的法律地位及应用的可行性［ J ］. 中华医院管理杂志，2005（ 08 ）：554-557.

[41] 王世金，袁从仕 . 要树立企业档案资产观念［ J ］. 中国档案，1994（ 02 ）：12-13.

[42] 王文强 . 大型军工企业实施电子文件“单套制”归档与电子档案“单套制”管理的可行性研究［ J ］. 机电兵船档案，2020（ 04 ）：77-79.

[43] 王晓琴 . 基于加密全息数字水印技术的电子档案管存系统设计［ J ］. 现代电子技术，2021，44（ 08 ）：81-84.

[44] 王艳，马琳，杨义，范龙楠 . 论工程项目文件在预立卷管理系统中“单轨制”的探索与研究［ J ］. 水电与抽水蓄能，2020，6（ 05 ）：116-120.

[45] 邬斌亮，熊琭 . 对电子档案系统信息安全等级体系建设的研究［ J ］. 网络安全技术与应用，2013（ 09 ）：98-99.

[46] 吴冬梅 . 基于区块链技术的电子档案快速分类系统设计[J]. 电子设计工程，2021，29（ 20 ）：180-184.

[47] 吴金莉 . 浅议电子合同档案争议的法律适用［ J ］. 办公室业务，2011（ 12 ）：84-85.

[48] 吴霞 . 企业竣工图单轨制管理研究［ J ］. 办公室业务，2020（ 09 ）：37-38.

[49] 吴雪清 . 高校基建工程电子文件归档问题探究［ J ］. 城建档案，2019（ 05 ）：21-23.

[50] 吴雁平，刘东斌 . 电子文件“单套制”归档宜称“单轨制”归档辨析——对电子文件“单套制”归档管理趋势的探讨［ J ］. 档案，2019（ 08 ）：4-9.

[51] 谢灿荣 . 高速公路建设项目电子文件归档及电子档案管理研究［ J ］. 西部交通科技，2020（ 04 ）：206-208.

[52] 徐拥军，李子林，李孟秋 . 后现代档案学的理论贡献与实践影响［ J ］. 档案学通讯，2020（ 01 ）：31-40.

[53] 薛四新 . 电子档案单轨制管理的关键问题研究［ J ］. 浙江档案，2020（ 07 ）：

17-20.

[54] 燕鹏，舒忠梅 . 基于 BIM 技术的大型建设项目电子档案协同管理［J］. 北京档案，2021（07）：31-33.

[55] 杨茜茜 . 我国文件档案“双轨制”管理模式转型——澳大利亚政府数字转型政策的启示［J］. 档案学研究，2014（03）：9-13.

[56] 杨茜茜 . 智慧社会背景下政务服务数据资源的档案化管理——基于电子证照应用管理的研究［J］. 浙江档案，2018（09）：10-12.

[57] 杨濯,王子鹏 . 基于案例的电子公文单轨制瓶颈与对策研究［J］. 浙江档案，2021（06）：26-28.

[58] 游红宇，张颖 .BIM 模型和电子化建设工程档案的结合与管理［J］. 城建档案，2021（06）：12-14.

[59] 张宁，宫晓东 . 企业档案数据资产概念的辨析与确立［J］. 档案学研究，2017（06）：57-60.

[60] 张宁，冷秀斌，梁帆 . 企业非结构化文档数据治理探究［J］. 档案学研究，2020（06）：97-103.

[61] 张宁，路敏 . 我国工程项目电子文件单轨制实施现状调查与思考［J］. 档案学通讯，2022（03）：65-71.

[62] 张宁 . 我国电子文件管理现状调查与思考［J］. 档案学通讯，2008（06）：15-19.

[63] 张宁 . 主数据驱动视角下的企业档案数据资产管理［J］. 档案学研究，2019（06）：47-52.

[64] 张伟斌,周莉莉 . 文件生命周期理论研究中外比较［J］. 山西档案,2015（03）：50-53.

[65] 张卫东，左娜，陆璐 . 数字时代的档案资源整合：路径与方法［J］. 档案学通讯，2018（05）：46-50.

[66] 张艳 . 推动企业电子图纸档案化管理的措施［J］. 数字与缩微影像,2019（03）：11-12.

[67] 张耀铭 . 人工智能驱动的人文社会科学研究转型［J］. 高等学校文科学术

文摘，2019，36（05）：2.

［68］章燕华，王力平．数字化转型背景下的档案信息化发展战略：英国探索、经验与启示［J］．档案学通讯，2021（04）：28-35.

［69］赵林夕，常飞，贾劲颂，崔洁，谷一凡，陆炫宇．数字经济时代企业档案信息化转型的目标与策略［J］．档案与建设，2020（09）：44-46.

［70］郑伽．电子文件的全程管理与前端控制的比较研究[J].北京档案,2017(10)：19-22.

［71］周文泓，刘静，向宇，文传玲．政府文件管理的数字转型框架研究［J］．档案与建设，2020（03）：27-30+35.

［72］周翔．电子档案管理信息系统建设的可行性探讨——兼论常州市住房公积金建设构想［J］．中国房地产，2021（19）：60-64.

［73］朱富成，刘永，许烨婧．应急处置类档案数据资产化及其经济价值评估指标构建［J］．档案管理，2021（06）：63-65.

［74］朱少华．国家重大项目档案管理系统建设浅析——以国家地震烈度速报与预警工程项目为例［J］．山东档案，2021（03）：79-81.

［75］庄志凤．水利电子档案管理系统建设［J］．兰台内外，2021（27）：54-55+57+63.

［76］左晋佺，张晓娟．基于信息安全的双区块链电子档案管理系统设计与应用［J］．档案学研究，2021（02）：60-67.

［77］Bican PM, Brem A. Digital Business Model, Digital Transformation, Digital Entrepreneurship: Is There A Sustainable "Digital"?［J］.Sustainability, 2020, 12(13): 5239.

［78］Boskovic A, Primorac D, Kozina G. Digital Organizations and Digital Transformation［J］.Economic and Social Development: Book of Proceedings, 2019: 263-269.

［79］Caldas CH, Soibelman L. Automating hierarchical document classification for construction management information systems［J］.Automation in Construction, 2003, 12(4): 395.

[80] Collin J, Hiekkanen K, Korhonen J, Halén M, Itälä T, Helenius M. IT Leadership in Transition: The Impact of Digitalization on Finnish Organizations [J]. Science Technolgy, 2015, 7: 121.

[81] Cook T. Archival science and postmodernism: new formulations for old concepts [J]. Archival Science, 2001(1): 3-24.

[82] Fitzgerald M, Kruschwitz N, Bonnet D, Welch M. Embracing Digital Technology: A New Strategic Imperative Capgemini Consulting Worldwide [J]. MIT Sloan Management Review, 2013, 55: 1.

[83] Guo F, Jahren CT, Turkan Y. Electronic Document Management Systems for the Transportation Construction Industry [J].International Journal of Construction Education & Research, 2021, 17(1): 52-67.

[84] Karlos ANT, Nengomasha CT. Change Management: A Critical Factor for Successful Implementation of an Electronic Document and Records Management System (EDRMS): A Namibian Case Study [J].Journal for Studies in Humanities and Social Sciences, 2018, 7(2): 85-105.

[85] Lee KR, Lee K-S. The Korean government's electronic record management reform: The promise and perils of digital democratization [J].Government Information Quarterly, 2009, 26(3): 525-535.

[86] Leikums T. A Study on Possibilities of Electronic Document Circulation in Public Sector for Rural Development. Research for Rural Development [J]. International Scientific Conference, 2013, 000(2), 187–194.

[87] Nigel Craig, James Sommerville. Records management and information processing on construction sites using digital pen and paper [J].Records Management Journal, 2007, 17(3): 201-215.

[88] Okriashvilitg TG, Pavlyuk AV, Yakupov AG, Kirillova EA. Legal Status, Role and Features of Electronic Document Management [J].Utopia y Praxis Latinoamericana, 2020, 25: 178-186.

[89] Oo HM, Htun YM, Win TT, Han ZM, Zaw T, Tun KM. Information and

communication technology literacy, knowledge and readiness for electronic medical record system adoption among health professionals in a tertiary hospital ［J］.Myanmar: A cross-sectional study, 2021, 16(7): 1-15.

［90］Pathan SA, Baroudi OA, Rahman ZH, et al. Electronic medical record error in reported time of discharge: A prospective analysis at a tertiary care hospital［J］. International Journal of Healthcare Management, 2021, 14(3): 880-887.

［91］Rovost F, Fawcett T. Data science and its relationship to big data and data-driven decision making［J］.Big Data, 2013, 1(01): 51-59.

［92］Schnell EH. Freeing Ariel: The Prospero Electronic Document Delivery Project. Journal of Interlibrary Loan［J］.Document Delivery & Information Supply, 1999, 10(2): 89.

［93］Schürer K. Better Access to Electronic Information for the Citizen: the Relationship Between Public Administration and Archives Services Concerning Electronic Documents and Records Management. INSAR［J］.Journal of the Society of Archivists, 2003, 24(1): 107.

［94］Sprehe JT. Exploring the Information Management Side of RIM［J］. Information Management Journal, 2008, 42(3): 62-67.

［95］Wright S. Why would a Construction Business have a Document Management System?［J］.Credit Control, 2013, 34(10/11): 70-73.

三、学位论文

［1］保鹏飞．我国电子档案单轨制的可能性与可行性研究［D］．湖北大学，2020.

［2］曹佩蕾．我国企业档案工作数字化转型的问题与对策研究［D］．中国人民大学，2021.

［3］乔剑锋．基于控制理论的大型工程安全风险预警控制模型及仿真研究［D］．北京邮电大学，2015.

[4] 乔实 . 工程项目设计方与施工方知识共享激励机制研究 [D]. 武汉理工大学，2019.

[5] 杨佳莹 . 我国企业档案数据资产化开发利用策略研究 [D]. 中国人民大学，2021.

[6] 张靖航 . 数字转型期我国综合档案馆档案利用服务体系建设研究 [D]. 中国人民大学，2021.

四、网络文献

[1] 大型工程 . 引自百度百科 [EB/OL]. [2022-04-25].https：//baike.baidu.com/item/%E5%A4%A7%E5%9E%8B%E5%B7%A5%E7%A8%8B/2830310 ？fr=aladdin

[2] 关于加快推进国有企业数字化转型工作的通知 [EB/OL]. [2022-09-01]. http：//www.sasac.gov.cn/n2588020/n2588072/n2591148/n2591150/c15517908/content.html

[3] 国家档案局 . 新修订的《中华人民共和国档案法》解读 [EB/OL]. [2022-4-7].http：//www.saac.gov.cn/daj/yaow/202007/bd61bfb7b1404b2ca3c12f1652b2c915.shtml

[4] 国家档案局办公室关于征求《电子档案单套管理一般要求》档案行业标准项目意见的通知 [EB/OL]. [2021-10-16].https：//www.saac.gov.cn/daj/tzgg/202011/c21324009e7e44b5ba8e140ebeb22507.shtml

[5] 国家档案局办公室关于组织开展第三批建设项目电子文件归档和电子档案管理试点工作的通知 [EB/OL]. [2022-04-09].https：//www.saac.gov.cn/daj/tzgg/202110/f07bef0db0914491a16474d98c6651d5.shtml

[6] 国家档案局第 14 号令《国家档案局关于修改〈电子公文归档管理暂行办法〉的决定》发布 [EB/OL]. [2022-03-09].https：//www.saac.gov.cn/daj/tzgg/201901/6e8c79c08ff449bcb24fc285c6442d70.shtml

[7] 国家档案局印发《关于在深化国有企业改革中加强档案工作的意见》的通知

［EB/OL］.［2021-10-12］.https：//www.saac.gov.cn/daj/tzgg/201901/b29640235b7c4ba2bb1d556efcc2b8fa.shtml

［8］国家档案局印发《全国档案事业发展“十三五”规划纲要》［EB/OL］.［2021-10-16］.https：//www.saac.gov.cn/daj/xxgk/201604/4596bddd364641129d7c878a80d0f800.shtml

［9］国务院发展研究中心 . 传统产业数字化转型的模式和路径［EB/OL］.［2022-03-08］.https：//www.xyz-research.com/uploads/20201216/0316a4cf2b80fcfd96ee335238a8fc0a.pdf

［10］国务院关于印发“十四五”数字经济发展规划的通知［EB/OL］.［2022-02-06］.http：//www.gov.cn/zhengce/content/2022-01/12/content_5667817.htm

［11］竣工图编制要求［EB/OL］.［2022-09-01］.https：//wenku.baidu.com/view/14b6743313a6f524ccbff121dd36a32d7375c7d6.html

［12］理念 . 引自百度百科［EB/OL］.［2022-09-01］.https：//baike.baidu.com/item/%E7%90%86%E5%BF%B5/1189315？ fr=aladdin

［13］企业电子文件归档和电子档案管理试点工作圆满收官［EB/OL］.［2022-03-01］.https：//www.saac.gov.cn/daj/xwdt/202110/19e15a1fb74847efa059c6b02b8471e5.shtml

［14］企业会计信息化工作规范［EB/OL］.［2021-10-16］.https：//baike.baidu.com/item/%E4%BC%81%E4%B8%9A%E4%BC%9A%E8%AE%A1%E4%BF%A1%E6%81%AF%E5%8C%96%E5%B7%A5%E4%BD%9C%E8%A7%84%E8%8C%83/12706839？ fr=aladdin

［15］术语在线［EB/OL］.［2021-12-16］.http：//www.termonline.cn

［16］推动智能时代传统产业数字化转型［EB/OL］.https：//baijiahao.baidu.com

［17］信息化 VS 数字化 VS 数据化［EB/OL］.［2022-09-01］.https：//wenku.baidu.com/view/eeecc1170342a8956bec0975f46527d3250ca6e1.html

［18］信息资源 . 引自百度百科［EB/OL］.［2022-06-20］.https：//baike.baidu.com/item/%E4%BF%A1%E6%81%AF%E8%B5%84%E6%BA%90/1060070？fr=aladdin

[19] 浙江湖州市水利局试点电子文件单套制全流程管理[EB/OL].[2022-04-09]. https：//www.saac.gov.cn/daj/c100206/202111/f3d5bd6713484788ae270f61620ff0d0.shtml

[20] 中办国办印发《“十四五”全国档案事业发展规划》[EB/OL].[2021-10-16]. https：//www.saac.gov.cn/daj/yaow/202106/899650c1b1ec4c0e9ad3c2ca7310eca4.shtml

[21] 中办国办印发《“十四五”全国档案事业发展规划》[EB/OL].[2021-08-25].https：//www.saac.gov.cn/daj/toutiao/202106/ecca2de5bce44a0eb55c890762868683.shtml

[22] 中国宝武钢铁集团有限公司档案中心成立[EB/OL].[2021-05-14].http：//www.zgdazxw.com.cn/news/2020-03/06/content_302741.htm

[23] 中国三峡集团成立集团直属的档案中心[EB/OL].[2021-05-14].https：//www.saac.gov.cn/daj/qydagz/202008/8d3ae648c6854172ac9d973f8a58e9e6.shtml

[24] 中华人民共和国档案法[EB/OL].[2021-10-16].https://baike.baidu.com/item/%E4%B8%AD%E5%8D%8E%E4%BA%BA%E6%B0%91%E5%85%B1%E5%92%8C%E5%9B%BD%E6%A1%A3%E6%A1%88%E6%B3%95/1856695?fromtitle=%E6%A1%A3%E6%A1%88%E6%B3%95&fromid=8304610&fr=aladdin.

[25] Library and Archives Canada. Digital by 2017 [EB/OL].[2021-07-03]. https://www.bac-lac.gc.ca/eng/services/government-information-resources/guidelines/Pages/introduction.aspx.

[26] National Archives and Records Administration. Transition to Electronic Records [EB/OL].[2021-10-03].https://www.archives.gov/files/records-mgmt/agency/rrb-saorm-2020.pdf.

[27] National Archives of Australia. Digital Continuity 2020 Policy [EB/OL].[2022-5-20].http://www.naa.au.

[28] National Archives of Australia. Digital Continuity 2020 Policy [EB/OL].[2021-09-20].http://www.naa.gov.au/information-management/digital-

transition-and-digital-continuity/digital-continuity-2020/index.aspx.

［29］National Archives of Australia. Digital Transition Policy［EB/OL］.［2021-09-20］.https://www.naa.gov.au/information-management/information-management-policies/digital-continuity-2020-policy/digital-transition-policy.

［30］Presidential Memorandum-Managing Government Records［EB/OL］.［2021-10-03］.https://obamawhitehouse.archives.gov/the-press-office/2011/11/28/presidential-memorandum-managing-government-records.

五、标准及报告

［1］GB/T 19016-2021，质量管理 项目质量管理指南［S］. 北京：中国国家标准化管理委员会，2021.

［2］GB/T 50326-2017，建设工程项目管理规范［S］. 北京：中国国家标准化管理委员会，2017.

［3］DA/T 28-2018，建设项目档案管理规范［S］. 北京：国家档案局，2018.

［4］中国信息通信研究院云计算与大数据研究所 . 数据资产管理实践白皮书（5.0 版）［R］. 北京：中国信息通信研究院，2021.

附　件

企业工程项目电子文件管理情况调查问卷

尊敬的企业管理人：

您好！

我们是中国人民大学档案学专业的师生，现在正在做一项关于工程项目电子文件单轨制的科研项目。为了更加全面、准确、深入地了解建设工程项目电子文件及其管理情况，促进企业电子文件单轨制的发展，提升企业档案现代化管理水平，特制定该问卷。

问卷答题大概需要占用您 15 分钟左右的时间，我们项目组承诺，将对您所提供的所有信息严格保密并仅用于该项目的研究。衷心感谢您的支持和合作！

公司 / 项目名称：________________________________

填卷人：____________ 填卷日期：____________

一、基本情况

1. 您公司所承担的工程项目类型是？

□核电工程　□风电工程　□火电工程　□水电工程

□石油化工　□机电安装　□房屋建筑　□公路工程

□铁路工程　□市政公用　□民航机场　□港口航道

□矿山工程　□冶炼工程　□光伏工程　□其他（请注明）

2. 您在公司 / 工程项目活动中担任的职务类型是？

□项目负责人　□文档管理人员　□系统技术人员　□其他

二、建设工程项目电子文件基本情况

1. 贵公司所承担的工程项目活动中是否产生电子文件 / 电子档案？

□是　　□否

（如果选择“是”，请继续答题；如果选择“否”，请结束答题。）

2. 工程项目中产生的电子文件种类有：	3. 该类电子文件生成的方式是：
□文本文件	□纸质文件的数字化 □相关业务系统中直接生成
□照片文件	□纸质文件的数字化 □相关业务系统中直接生成
□图形文件	□纸质文件的数字化 □相关业务系统中直接生成
□电子邮件	□纸质文件的数字化 □相关业务系统中直接生成
□音频文件	□纸质文件的数字化 □相关业务系统中直接生成
□视频文件	□纸质文件的数字化 □相关业务系统中直接生成
□程序文件	□纸质文件的数字化 □相关业务系统中直接生成
□数据库文件	□纸质文件的数字化 □相关业务系统中直接生成
□压缩文件	□纸质文件的数字化 □相关业务系统中直接生成
□超媒体链接文件	□纸质文件的数字化 □相关业务系统中直接生成
□网页文件	□纸质文件的数字化 □相关业务系统中直接生成
□其他（请注明）	

4. 贵公司档案部门是否已经开始接收项目电子文件归档？

□是　　□否

5. 目前工程项目中哪些文件只有电子版本？（可多选）

□合同　　□设计图　　□施工图　　□竣工图　　□各类照片

□各种项目表单　　□各种报表　　□请示批复

□各类影像视频　　□其他（请注明）

6. 归档文件是否采用双套制进行归档？

（注：双套制是指同一份文件的电子和纸质版本共同处于储存和可利用状态。）

☐是　　☐否

7. 如果是双套制归档，属于下列哪种情况？（可多选）

☐纸质文件扫描成数字文件　　☐电子文件打印成纸质文件　　☐其他

8. 是否存在只归档电子文件的情况？

☐是　　☐否

9.（接 8）哪些文件只归档电子文件？（选项同第二部分第 5 题）

☐合同　　☐设计图　　☐施工图　　☐竣工图　　☐各类照片

☐各种项目表单　　☐各种报表　　☐请示批复

☐各类影像视频　　☐其他（请注明）

10. 电子档案的存储方式是（可多选）:

☐在线存储　　☐近线存储　　☐离线存储

11. 电子档案的存储载体是:（可多选）

☐硬盘　　☐光盘　　☐服务器　　☐磁带　　☐其他

三、业务系统情况

1. 建设工程项目中涉及生成电子文件的业务系统有哪些？（可多选）

☐项目管理系统　　☐办公自动化（OA）系统　　☐工程建设系统

☐合同管理系统　　☐财务管理系统　　☐其他（请注明）

2. 项目中是否存在通过电子设备（如数码相机、手机、监控摄像头、传感器等）形成电子文件的情况？

☐是　　☐否

3. 项目中生成电子文件的业务系统是否具备下述功能？（可多选）

【注:《电子文件归档与电子档案管理规范》（GB/T18894-2016）中电子文件的元数据被定义为:“描述电子文件内容、背景及其结构和管理过程的数据。”】

☐具备成熟稳定的电子文件流转、电子签名、安全认证等功能;

□支持按照电子档案格式要求，形成电子文件及其组件；

□支持在电子文件形成和流转过程中自动采集电子文件元数据；

□支持电子文件及其元数据的在线归档；

□支持生成归档数据包，按照程序要求向电子档案管理系统归档；

□内嵌电子档案分类方案、归档范围与保管期限表，支持电子文件自动或半自动分类、划定保管期限。

4. 贵公司是否有明确的建设工程项目电子文件归档范围及归档要求？

□是　　□否

5. 项目中归档电子文件的移交方式是？

□在线归档　　□离线归档　　□两者都有

6. 归档电子文件的格式要求是？

□保留原格式　　□转换成标准格式　　□两者都有

7. 业务系统是否对电子文件使用电子签名？

□是，具体方式是：

□否

8. 业务系统具备何种安全保障功能？（可多选）

□身份认证　　□权限管理　　□审计跟踪　　□电子签名　　□数字摘要

□防火墙　　□入侵检测　　□日志监控　　□其他

9. 电子文件的元数据是否归档？

□是　　□否

10. 是否有明确的归档元数据规定？

□是　　□否

四、电子档案管理系统情况

1. 电子档案管理系统是独立的还是集成在机构档案管理系统之中？

□独立　　□集成

2. 电子档案管理系统是否具备与业务系统的接口程序，可以实现在线归档与利用？

□是　　□否

3. 电子档案管理系统是否支持非业务系统生成的各类电子文件数据导入归档？

□是　　□否

4. 电子档案管理系统是否参照 DA/T 70—2018《文书类电子档案检测一般要求》对归档电子文件进行“四性”检测？

□是　　□否

5. 电子档案管理系统具备以下哪些功能？（可多选）

□捕获　□登记　□分类　□编目　□著录　□存储　□检索
□利用　□鉴定　□统计　□处置　□库房管理　□格式转换
□审计　□移交　□其他

6. 本单位用于管理电子档案的档案管理系统是由　开发的。

□自行　□第三方软件公司　名称：

7. 进入档案管理系统的电子档案是否都可以在档案管理系统中打开使用？

□是　　□否

8. 根据《电子文件管理系统通用功能要求》（GB/T29194—2012）的要求，对照本单位档案管理系统的实际情况，对下列功能进行选择，具备的则在□打“√”：

（1）□文件配置管理功能　□文件分类方案　□保管期限与处置表
□元数据方案　□其他

（2）□文件管理业务功能　□捕获登记　□分类组织　□鉴定处置
□统计管理　□存储保管　□检索利用　□移交输出
□其他

（3）□统计管理功能　□电子文件利用情况　□销毁情况
□人员情况　□设备情况

（4）□安全管理功能　□身份认证　□权限管理　□审计跟踪
□电子签名　□防火墙　□数字摘要　□入侵检测
□日志监控　□其他

（5）□系统管理功能　　□系统用户和资源的管理　　□系统功能的配置

□操作权限的分配　□其他

（6）□辅助功能需求　　□图像处理　　□传真　　□多格式浏览

□打印　　□用户反馈　　□在线帮助　　□其他

（7）□密级文件管理功能　　□密级划分　　□升级　　□降级　　□其他

9. 目前电子档案管理系统接收的主要电子文件格式包括（选项同第二部分第2题）：

□文本文件　　□照片文件　　□图形文件　　□电子邮件

□音频文件　　□视频文件　　□程序文件　　□数据库文件

□压缩文件　　□网页文件　　□超媒体链接文件　　□其他（请注明）

10. 电子档案采用的备份方式是：

□异地备份　　□异质备份　　□异地异质备份　　□其他

11. 目前系统中的电子档案是否存在以下情况？

□找不到　　□打不开　　□乱码　　□其他不可用的情况 请说明：

五、体系建设情况

1. 贵公司现有的电子文件管理规范包括哪些？

□人员管理制度　　□文件管理制度　　□技术和工作规范　　□其他

□暂无规定

2. 是否有针对电子文件及电子档案管理的相关制度？

□有　　□没有

如果有，请详细列出制度名称：____________

3. 当前贵公司的档案部门是否是独立的部门？

□是　　□否

若选否，档案部门隶属于 ___________（部门）。

4. 档案部门专职管理人员数量 __________ 人。

5. 贵公司是否针对电子文件的管理问题进行过相关调查研究？

□是　　□否

6. 贵公司是否围绕电子文件管理问题进行过资金投入？

□是　　□否

（接6）如果有，资金投入侧重：

□调研　　□设备　　□系统　　□其他

六、开放性问题

1. 您对企业实施工程项目电子文件单轨制的可行性有什么看法？

2. 您认为实现工程项目电子文件单轨制管理应该着重解决哪些障碍？

再次感谢您的耐心与支持！